Lars Vollmer

Wirf den Frosch

Ein Business-Roman

Bibliografische Information der Deutschen Bibliothek
Die Deutsche Bibliothek verzeichnet diese Publikation in der
Deutschen Nationalbibliografie. Detaillierte bibliografische Daten
sind im Internet abrufbar unter http://dnb.ddb.de

ISBN 978-3-932298-49-3

Umschlag und Satz:	Grafik + Layout Jürgen Rothfuß, Neckarwestheim
Druck und Buchbindung:	Gebr. Knöller GmbH & Co. KG, Stuttgart
Coverillustration:	Justina Trefz, ja-agentur, Kornwestheim

WIRF DEN FROSCH

EIN BUSINESS-ROMAN

Blut, überall Blut. Auf dem weißen Flauschteppich ein Rinnsal, fließend, ausufernd zu einem blutroten Kontinent, der an Afrika erinnert. Wimmern und Stöhnen und ein Schrei, als fahre ein Stahlseil über ein Sägeblatt. Ein dumpfer Aufprall. – Minuten später in der Ferne näher kommend heulende Martinshörner.

Nico Brunsmann zuckte zusammen, als Karin, seine Sekretärin, den Kopf durch die Tür steckte und eintrat. Lächelnd sagte sie: „Sie haben mein Klopfen wohl nicht gehört?"

Er starrte sie an, starrte dann auf ihr Kleid, ein körpernah geschnittenes Etuikleid in einem Rot, das an geronnenes Blut erinnerte.

„Ist was? Habe ich vergessen, ein paar Knöpfe zu schließen, oder sind irgendwo Flecken?"

Sie schaute an sich hinunter und dann fragend auf ihren Chef.

„Nein, nein." Nico räusperte sich und strich sich über die Augen. „Alles in Ordnung. Chices Kleid haben Sie an."

„Oh, danke."

Ihr Lächeln vertiefte sich und sie bemerkte: „Sie denken an den Termin um 11 Uhr beim großen Boss?"

Mit flinken Fingern schob sie ein paar Papiere zur Seite und stellte ein kleines Tablett mit Kaffee und Gebäck auf seinem Schreibtisch ab.

„Herr Mendel will vorher aber noch mit Ihnen sprechen. Irgendwie kam er mir wahnsinnig angespannt vor."

Als habe er nur auf ein Stichwort gewartet, flog die Tür auf und Achim Mendel, der kaufmännische Geschäftsführer, stürzte ins Zimmer, als sei er auf der Flucht.

„Bei Shang-Met ist der Teufel los. Entschuldige, wenn ich hier einfach so reinplatze. Frau Faber, kann ich bitte ein Glas Wasser haben?", dabei ließ er sich schwer atmend auf einen Stuhl fallen und tupfte sich mit einem Taschentuch den Schweiß von der Stirn.

„Die in Shanghai glauben, sie können mit uns umspringen, als seien wir Sklaven. Den Ton, den die am Leibe haben, müssen wir uns, glaube ich, nicht gefallen lassen."

„Was ist denn passiert? So kenne ich dich ja gar nicht und eigentlich trieft es schon fast vor Höflichkeit aus der Leitung, wenn wir mit den Chinesen telefonieren. Die schmieren einem doch in einer Art und Weise Honig um den Bart, dass man oft gar nicht weiß, was man davon halten soll." Nico sah Achim Mendel belustigt an.

In hastigen Zügen trank Mendel das Glas aus, das Frau Faber ihm reichte, wischte sich aufatmend mit dem Handrücken über den Mund und knurrte: „ Ich sag nur Trinidad!"

„Trinidad?", fragte Nico. „Ich verstehe kein Wort. Und was hat das mit uns zu tun?"

„Die fördern da an so einem vermaledeiten See Asphalt für Bitumen."

„Aha, Bitumen. Ist ja interessant. Kannst du mal aufhören, in Rätseln zu sprechen?"

Mendel lockerte ein wenig seine Krawatte und sagte jetzt in gefassterem Ton: „Im Pitch Lake auf Trinidad gibt es das größte natürliche Vorkommen von Asphalt auf der Welt. Man schätzt zehn Millionen Tonnen."

„Und wir liefern die Pumpen, um das Zeug vom Grund des Sees ans Tageslicht zu fördern."

„Nee, nee", Mendel winkte energisch ab. „Durch geologische Aktivitäten unter dem See wird der Kram an die Wasseroberfläche gedrückt, von Schwimmraupen zusammengeschoben und in einer Fabrik am See gereinigt. Da geht es dann um unsere Pumpen. Nun hat sich unsere Lieferung ein klein wenig verzögert und in Shanghai tun sie so, als gehe deswegen die Welt unter. Das wäre die wichtigste wirtschaftliche Einnahmequelle für die da unten und diesen Kunden dürften wir nicht vergrätzen, quaken sie. Dazu muss ich sagen", Mendel warf sich jetzt in die Brust und hob den Zeigefinger, „man beachte, wir sind allerdings die Einzigen in der Branche, die genau *die* Sorte Pumpen liefern, die da gebraucht wird. Was soll das Geschrei also?"

Mit von sich gestreckten Beinen lehnte er sich bei diesen Worten lässig auf dem Stuhl zurück.

„Ich könnte mir vorstellen, die karibischen Boys schnappen sich, solange die Lieferung aussteht, ihre Steeldrums, ziehen 'ne geile Mucke ab für die Touristen, aalen sich in der Sonne und freuen sich ihres Lebens, wenn sie mal keinen Stress haben."

Nico glaubte seinen Ohren nicht zu trauen. Ob Achim getrunken hat, überlegte er. Sonst redet er nur das Nötigste und das sehr distinguiert – und jetzt das.

„Tja, da staunste! Das ist Originalton mein Herr Sohn. Die jungen Leute werfen ja heutzutage mit Ausdrücken um sich, dass man ein Wörterbuch braucht, um sie zu verstehen."

„Und ich dachte schon, was ist mit Achim los?" Nico lachte jetzt lauthals. „Aber mal Spaß beiseite, warum sind die Pumpen denn nicht pünktlich angekommen?"

„Ein kleiner Orkan auf hoher See, ein Streik der Hafenarbeiter, möglicherweise zu schönes Wetter, um die Ladung zu löschen, und, und, und. Tausend und einen Grund gibt es, an dem wir überhaupt keine Schuld tragen müssen. Mich hat der Ton am Telefon eben wahnsinnig geärgert."

„Dann finde mal den wahren Grund heraus. Du sagst ja selbst, Bitumen ist ein wichtiger Wirtschaftsfaktor für die Leute und Kunde ist Kunde. Nur Zufriedenheit zählt. Egal ob in Wanne-Eickel oder in Trinidad. Und diesen Mist, den du da eben von dir gegeben hast, vergesse ich mal ganz schnell. Schließlich stützt sich unsere Unternehmensphilosophie darauf, auch auf Sektoren, in denen wir marktbeherrschend sind, unser Verhältnis zum Kunden nicht zu missbrauchen." Auch Nico hob jetzt den Zeigefinger als spaßhafte Drohung.

„War ja nicht wirklich ernst gemeint. Hab mich nur so über die in Shanghai geärgert", grummelte Mendel.

Seit ein paar Monaten war Nico technischer Geschäftsführer bei der Siebert & Stolzky AG, einem Pumpenhersteller mit dreihundertfünfzig Mitarbeitern, gegründet vor über achtzig Jahren. Fünf Jahre zuvor war der Betrieb von einer Holding mit Sitz in Shanghai aufgekauft worden, weil die Shang-Met-Group durchaus Zukunftschancen für die Produkte sah, die bei der Kundschaft aufgrund der Qualität seit jeher gefragt waren. Trotzdem stagnierte das Geschäft. Ein ums andere Mal wurden sie von Wettbewerbern ausgestochen.

Den Job hatte Nico mit dem Vorsatz angetreten, die Belegschaft darauf einzuschwören, den Betrieb wieder auf Vordermann zu bringen, als Sieger aus dem Kampf hervorzugehen gegen Überproduktion, Lieferverzug, Überstunden und Schlendrian.

„Ich werde Lahmärschen den Kampf ansagen", war seine Aussage bei einem der Gespräche gewesen, als er sich ein erstes Bild von der Firma gemacht hatte.

Ein Scheitern käme kein zweites Mal in Frage. Ins offene Messer zu laufen wie beim vorigen Job bei Herbold – undenkbar. Noch heute war er dermaßen wütend, dass er sich selbst ohrfeigen könnte wegen seiner Blauäugigkeit. Oh ja, er würde die Belegschaft schon einnorden. Das bedeutete: klare Ansagen an alle Beteiligten. Die Richtung vorgeben und jeden zur Raison bringen, der ausscherte. Zu spät hatte er bei Herbold registriert, wie Tatsachen verschleiert und Aussagen geschönt worden waren. Dieses unliebsame Kapitel wollte er endgültig aus seinem Leben streichen. Es muss doch mit dem Teufel zugehen, wenn es uns nicht gelingt, unsere Marktposition zu behaupten und auszumerzen, was im Betrieb schief läuft, sinnierte er. Habe Bock drauf, wieder eine Erfolgsstory zu schreiben, eine wie bei einem meiner früheren Arbeitgeber.

Die Lage war dort allerdings eine andere gewesen. Als Projektingenieur bei einem deutschen Industriekonzern hatte er die Aufgabe gehabt, die Erweiterung einer bestehenden Fabrik in Mexiko zu planen. Ein Erfolg auf der ganzen Linie, denn er konnte dem Vorstand nicht nur ein tragfähiges und vor allem ein wirtschaftliches Konzept für den fast 20.000 qm großen Anbau machen, er und sein Team fanden auch eine Vielzahl von Schwachstellen in der vorhandenen Organisation und in den Abläufen. Viel zu lange Wege in der Produktion, eine hanebüchene Fertigungssteuerung und – am schlimmsten – ein Produktionsleiter ohne wirkliche Ahnung von Mitarbeiterführung. Hier musste mit harter Hand durchgegriffen werden, und er hatte die Konzepte dafür geliefert. Das brachte ihm eine Menge Renommee ein, er wurde sogar als zukünftiger Werksleiter für Malaysia gehandelt.

Seine Frau Jessica aber war von den Asienplänen ganz und gar nicht begeistert. Vehement lehnte sie es ab, mit ihm in ein Vierte-Welt-Land zu gehen, wie sie es nannte.

„Ich werde einen Haufen Geld verdienen, Jessica", lockte er sie. „Kleider, Taschen, Schuhe, alles viel, viel billiger als bei uns. Du wirst ein Shoppingparadies vorfinden."

„Und wenn es tatsächlich endlich nach so vielen Fehlschlägen klappt, dass ich schwanger werde," hatte sie mit vor Zorn blitzenden Augen eingeworfen.

„Ärzte und Kliniken, die nach europäischem oder amerikanischem Standard arbeiten, gibt es da garantiert auch, genauso wie Dutzende Krankenhäuser. Wir werden uns vorher informieren. Wir suchen uns ein tolles Haus. Personal ist billig in diesem Land, das gute Wetter ein Argument. Meine Karriere wird einen Schub bekommen. Ich kann mir vorstellen, das alles ein paar Jahre zu genießen."

„Du denkst nur an dich", hatte Jessica schließlich geschrien, „an deine Karriere, dein persönliches Glück. Der tolle Nico Brunsmann dieses Mal in Malaysia! Was mit mir ist, meinen Ängsten, interessiert dich einen Dreck!"

Die Auseinandersetzungen gipfelten schließlich eines Abends in einem Streit mit Weinkrämpfen und Türenschlagen.

Wenn er abends neben sie ins Bett schlüpfte, drehte sie sich von ihm weg zur anderen Seite. War es später geworden, schlief sie schon. Oft genug jedoch glaubte er, sie tat nur so.

Nach dem Desaster bei Herbold kam der Headhunter mit dem Angebot von Siebert & Stolzky. Sowohl der Vorstandsvorsitzende Liang Hu Akuma als auch der kaufmännische Geschäftsführer, Achim Mendel, hatten ihn umworben. Vor gut sechs Monaten war die Geschäftsleitung mit ihm übereingekommen, dass er der richtige Mann für den Posten sei. Jetzt galt es für ihn zu beweisen: Auch ein Karren im Dreck ist wieder flott zu machen. Vor allem aber sehnte er sich nach der vertrauten Nähe seiner Frau, entschied sich, ihr zuliebe in Deutschland zu bleiben. Er wollte Erfolg haben, sie überzeugen, dass er ihre Sorge akzeptierte, wollte sich auf ein Kind freuen können.

In den ersten Wochen musste er sich erst einmal mit den unternehmensspezifischen Eigenheiten vertraut machen. Von Mendel erfuhr er: „Das Gussmaterial kommt per Schiff aus China. Es ist sechs Wochen lang unterwegs. Ist zwar billig, aber die Qualität lässt oft zu wünschen übrig."

„Wir haben genügend Bestände. Engpässe in der Fertigung kommen deshalb nicht vor", meinte Huber, der Einkaufsleiter, in einem Ton, der Nico ahnen ließ, ein Zuckerschlecken würde es mit dem Mann nicht werden.

Trotzdem konterte er: „Mein Eindruck ist, wir haben gigantische Bestände, würde ich sagen. Ich kann nur den Kopf schütteln über diese unglaublichen Mengen. Alles totes Kapital, was da rumliegt. Wir müssen davon runterkommen. Eine Lösung muss her."

„Der Preis ist unschlagbar, Herr Brunsmann. Ich sag's Ihnen." Damit war für Huber das Thema erledigt.

„Keine Pumpe ist wie die andere", erfuhr Nico von Peter Leonhard. Der Leiter des Konstruktionsbüros arbeitete seit fünfundzwanzig Jahren im Betrieb, und Nico erhoffte sich von ihm, viel über Pumpen zu erfahren.

„Wir tüfteln uns die Seele aus dem Leib, um dem Kunden ein optimales Ergebnis zu liefern, und die in der Produktion motzen herum, was wir ,Techies' uns für einen Scheiß ausdenken."

Aus den Montagehallen wiederum hörte Nico: „Ständig müssen die Pläne geändert werden. Noch kurz vor der Auslieferung ist ein Zusatzteil einzubauen, die Lage eines Schneidrades zu drehen, oder ein Flansch soll auf die entgegengesetzte Seite. Aber die Künstler an ihren CAD-Maschinen haben ja keine Ahnung von der harten Wirklichkeit", knurrte der Vorarbeiter.

Bei der offiziellen Vorstellung beäugten die Mitarbeiter Nico gespannt. „Was wird der nun wieder für einen Scheiß einführen?", hieß es. „Werden wieder welche von uns auf die Straße gesetzt?"

„Dieses Schlitzauge Liang hat doch keine Bedenken, uns demnächst an eine andere Heuschrecke zu verscherbeln."

Das Gerücht hielt sich hartnäckig, und die ständige Angst um die Arbeitsplätze grassierte. Diesem drohenden Gespenst werde ich den Garaus machen, dachte Nico Brunsmann.

Dann hörte die Belegschaft ihn mit fester Stimme bei seiner Antrittsrede von Veränderungen und Reformen sprechen, von Umsetzungsstärke als strategischem Wettbewerbsvorteil, der Verbesserung von Produktion, Durchlaufzeit und Qualität.

10

„Zu Ihrem Verständnis: Wir streben an, perfekter zu werden in allen Bereichen. Jeden Tag ein bisschen besser zu werden, ist unser Ziel. Alle Mitarbeiter werden eingebunden, damit wir uns kontinuierlich verbessern. Sei es durch gemeinsame Workshops oder Schulungen, die Sie demnächst kennenlernen werden. Sei es zu erreichen, dass wir Verschwendung ausschalten, damit sich Kosten verringern."

Einer der Zuhörer, Gunnar Voss aus dem Konstruktionsbüro, lauschte Nicos Worten mit besonderem Interesse. Er hörte aus den Worten heraus, dass bald seine große Stunde kommen würde. Er hatte sich seit geraumer Zeit mit diesen Themen beschäftigt, gelesen, was ihm unter die Finger kam, Seminare besucht und darauf gewartet, sein Wissen im Betrieb anbringen und natürlich auch mit einer Gehaltserhöhung in bare Münze umsetzen zu können.

Nico fuhr fort: „Mit Verschwendung meine ich natürlich nicht nur Ausschuss und sorglosen Umgang mit Materialien. Verschwendung ist ebenso, auf Halde zu produzieren. Das ist totes Kapital für uns. Wir müssen dahin kommen, ab Kundenauftrag mit dem Herstellungsprozess zu beginnen und zum vereinbarten Termin mit der Qualität, mit der wir im Markt so bekannt sind, zu liefern. Wir müssen, wo es nötig ist, Veränderungen der Arbeitssituation einführen, die eine nachvollziehbare Verbesserung bringen. Jeder Mitarbeiter ist in der Lage, sich im Rahmen meiner Vorgaben aktiv am Änderungsprozess zu beteiligen."

Unruhe breitete sich unter den Zuhörern aus. Füße scharrten, hier und da hustete jemand.

„‚Schon wieder Neuerungen und Reformen‘ werden Sie stöhnen. Doch ab sofort zählen wir auf Sie! Ihre Vorschläge und Ideen werden daraufhin geprüft werden, ob sie uns weiterbringen. Ich habe da neulich einen Satz gelesen, der mir sehr gut gefallen hat: ‚Wenn alles so bleiben soll, wie es ist, muss sich alles ändern‘. Das bedeutet, das Gute, das sich bewährt hat, kann nur bleiben, wenn auch Änderungen und Reformen möglich sind."

Nico machte eine kurze Pause und fuhr dann fort: „Der ehemalige Finanzminister und potenzielle Kanzlerkandidat Steinbrück, glaube ich, hat bei der Eröffnung irgendeiner Messe gesagt, das

Wort ‚Reform' hätte momentan keinen guten Klang. Weil sich die Welt um uns herum aber massiv verändere, wäre es ein fataler Irrtum stehenzubleiben. Deshalb dürfte der Willen zu Reformen nicht aufgegeben werden, auch wenn es schwer ist, sie durchzusetzen, weil man immer in den Schraubstock zwischen Maximalisten und Minimalisten gerät.

Jeder von Ihnen, liebe Kolleginnen und Kollegen, ich betone: jeder einzelne, wird darin geschult werden, die Ziele und den Ablauf neuer Maßnahmen zu verstehen, um sich unmittelbar am Verbesserungsprozess zu beteiligen. Ressourcen und Zeit müssen zur Verfügung gestellt werden. Nur das führt zu Nachhaltigkeit. Alle Beteiligten führen in Zukunft die Struktur und Organisation nach den von mir vorgegebenen Leitlinien aus!"

Ganz mein Fall, was der Mann da anreißt, dachte Gunnar Voss und fühlte sich bestätigt, dass er sich Chancen ausrechnen konnte für einen beruflichen Aufstieg.

„Vielleicht habe ich Ihnen heute viel Unbekanntes, aber auch so manches Ärgernis vor Augen geführt. Es liegt in der Hand jedes einzelnen, Siebert & Stolzky voranzubringen."

Während Nico sprach, saß Vorstandsmitglied Liang Hu Akuma ganz außen in der ersten Reihe. Die Miene des Asiaten war freundlich. Er schien entspannt zuzuhören. Nico ahnte noch nicht, dass er in Zukunft oft genug den Gesichtsausdruck seines Vorgesetzten falsch interpretieren würde. Mit einem Lächeln im Gesicht würde der Forderungen aufstellen, wie: „Wir müssen auf einen Jahresumsatz von über sechzig Millionen kommen", oder: „Ich erwarte eine Ertragssteigerung von mindestens zehn Prozent." Und von diesen Forderungen wich er kein Jota ab, im Gegenteil. Er untermauerte sie mit verhüllten Drohungen, wem er die Schuld am Scheitern gäbe.

Der 42-Jährige Liang verantwortete alle europäischen Beteiligungen der Shang-Met-Group. Er hatte Internate in England und der Schweiz besucht, an der Universität in St. Gallen Strategy and International Management studiert und seinen Master of Arts gemacht. Seine ersten beruflichen Erfolge holte er sich in den USA im Sales eines großen Konsumgüterherstellers.

Liang setzte sich jetzt aufrechter hin, strich sich kurz über das lack-schwarze Haar und zupfte an seiner Bügelfalte, als Nico fortfuhr: „Manche Ihrer Väter haben schon hier gearbeitet. Durch ein System zum Steuern und Planen von Verbesserungen wird die Chance vergrößert, dass selbst in der heutigen Zeit, in der alles im Wandel ist, auch Ihre Kinder noch unter diesem Dach ihr Geld verdienen. Es gilt, die Organisation und die Strukturen zu verbessern. Wichtig ist Disziplin bei der Durchführung von Maßnahmen. Noch wichtiger: Nicht zehn Dinge gleichzeitig anzupacken, sondern es gilt, zwei oder drei Ziele anzusteuern. Die Befriedigung ist umso größer, werden diese Ziele erreicht. Ich appelliere an Ihren Teamgeist und wünsche uns allen eine erfolgreiche Zusammenarbeit. Um noch ein letztes Zitat anzuführen: Der ehemalige DFB-Trainer Dettmar Cramer sagte vor kurzem in einem Werbespot: ‚Solange etwas besser geht, ist gut nicht gut genug.‘ In diesem Sinne."

Nico schob seine Unterlagen zusammen, nickte Liang kurz zu und, von kurzem Applaus begleitet, ging er zur Tür.

Gunnar Voss gelang es, fast gleichzeitig mit Nico den Raum zu verlassen. Er trat mit ihm zusammen in den Aufzug. Es sah wie ein zufälliges Zusammentreffen aus.

„Herr Brunsmann, mir hat Ihre Rede ausnehmend gut gefallen. Ich wollte Ihnen sagen, und ich hoffe, es hört sich nicht zu groß-kotzig an, Ihre Linie wird von mir hundertprozentig unterstützt. Übrigens, Gunnar Voss ist mein Name. Ich arbeite in der Konstruktion. Ideen haben wir ja genug, aber wir kriegen die PS einfach nicht auf die Straße. Umsetzungsschwäche ist in meinen Augen eins der Hauptprobleme bei uns im Betrieb."

Nico sah ihn erstaunt an. „Da habe ich ja wenigstens einen Mitstreiter", lachte er. „Das ist immerhin etwas. Wir sollten uns demnächst einmal ausführlicher unterhalten." An allen Arbeitsplätzen wurde heftig diskutiert, ob der Neue Sprechblasen produziert habe oder ob Veränderung zum Guten durch ihn angezeigt sei.

„Diese angekündigten Maßnahmen! Was kommt am Ende dabei raus? Freisetzung, wie sie das heutzutage nennen. Das Wort Entlassung nimmt ja keiner mehr in den Mund. Wieder Kollegen, die stempeln gehen müssen, so wird es laufen", orakelte Peter Leonhard, als er wieder an seinem Schreibtisch saß.

„Ihr werdet euch noch an meine Worte erinnern, auch du Gunnar. Als ob er der Heiland wäre, dieser Nico Brunsmann, der uns alle erlöst vom Übel der Mitbewerber, des falschen Managements und des Lieferverzugs durch seine neuen Maßnahmen, noch sind das reine Lippenbekenntnisse."

Bei diesen Worten rührte er heftig in seiner Teetasse. Gunnar wartete förmlich darauf, dass etwas überschwappte.

„Bin sehr gespannt auf Ergebnisse. Der tut so, als ob er die Weisheit mit Löffeln gefressen hat. Wir sind doch alle nur Idioten in seinen Augen."

Seinen Tee schlürfend zischte Leonhard zwischen zwei Schlucken: „Du bist ja auch auf diesen Zug aufgesprungen."

Gunnar Voss konnte dieses Misstrauen neuen Erkenntnissen gegenüber nicht nachvollziehen. Warum sperrte sich ein Mann wie Peter Leonhard, der sich täglich Anforderungen gegenüber sah, wenn es um die Konstruktion von Pumpen ging. Oft genug schon hatte er nahezu Unmögliches möglich gemacht. Gunnar hielt ihn für einen der Besten auf seinem Gebiet. Der musste sich doch eingestehen, die Firma konnte nur überleben, wenn sich Vieles ändern würde. Warum nur führte Peter Leonhard sich auf wie eine Primadonna?

2

In seinem Büro angekommen, hörte Nico nebenan Theo Stolzky lautstark telefonieren. Die Tür stand wie immer sperrangelweit offen. Das war schon bei dessen Vater so gewesen. Genauso hatte er es als Nachfolger gehalten. Ohne Anmeldung vorsprechen zu dürfen, ihn hemdsärmelig anzutreffen, die Daumen unter die Hosenträger geklemmt, manchmal einen kalten Zigarrenstummel im Mundwinkel, um mit ihnen von Kumpel zu Kumpel zu reden, das erwarteten seine Leute.

In technischen Fragen konnte ihm keiner ein X für ein U vormachen, wohingegen ein Umdenken in Bezug auf neue Strategien nicht so sein Ding war. Dann hatte er sich entschlossen zum Wohl der Firma, dem Werben der Shang-Met-Group nachzugeben und die Firma zu verkaufen. Zwischendurch waren ihm Zweifel gekommen, ob er mit Mitte sechzig tatsächlich aufs Altenteil gehen wollte. In zähen Verhandlungen hatte er dann einen kleinen Beratervertrag ausgehandelt.

Das ließ ihm genügend Zeit, auf dem Tennisplatz seinen Rückhand-Slice zu verbessern, ohne aus dem Geschäft völlig auszusteigen. Stolzky realisierte letztlich glasklar, dass man seine Zusammenarbeit aufgrund seiner Kontakte und Erfahrungswerte mit den Kunden nutzen wollte. Anfangs hatte er noch geglaubt, es sei auch die Achtung der Asiaten vor der Weisheit der Alten, ihn einzubinden. Schnell war er dann aber dahintergekommen, dass Liang solchen Sentimentalitäten keinen Platz einräumte.

Er kam meistens dienstags in die Firma, weil er noch immer nicht loslassen konnte, und hörte sich interessiert die Vorschläge von Nico Brunsmann an. Der sprach beispielsweise von: Single Minute Exchange of Die, kurz SMED.

„Das bedeutet, es muss uns gelingen, die Rüstzeiten zu senken. Schnelles Umrüsten unter 10 Minuten."

„Und was bringt das Ihrer Meinung nach konkret und vor allem, glauben Sie, es ist machbar?", fragte Stolzky, ließ dabei den Zigarrenstummel behände in den anderen Mundwinkel wandern und strich sich über den fast kahlen Schädel.

„Besonders hier in unserer variantenreichen Fertigung ist angesagt, flexibler zu werden und auf Kundenwünsche schneller zu reagieren. Die Durchlaufzeiten müssen unbedingt sinken. Verringerte Rüstzeiten stellen einfach einen Wettbewerbsvorteil dar, weil viel kleinere Losgrößen wirtschaftlich möglich werden."

„Wir verkaufen Pumpen und nicht so was Einfaches wie Äpfel und Birnen", gab Stolzky zu bedenken.

„Um flexibel auf Kundenwünsche eingehen zu können, ist es eminent wichtig, die Losgrößen kontinuierlich zu verkleinern. Das gelingt aber nur, wenn die Rüstzeiten von Anlagen und Maschinen reduziert werden. Nur so ist häufiges Umrüsten möglich."

„Aber unsere Lagerbestände, die Sie als zu hoch einschätzen, was ist damit?"

„Die werden wir verringern, dadurch sind die Herstellkosten niedriger."

„Gefällt mir ausnehmend gut." Stolzky nickte zustimmend.

Nico wirkte auf ihn immer ein wenig oberlehrerhaft bei seinen Erklärungen, aber so ein junger Kerl erkannte die Zeichen der Zeit sicherlich besser als er. Und hatte er sich nicht an eine Vielzahl von Neuerungen gewöhnen müssen, seit er nur noch so etwas wie ein Gast in der Firma war? Zum Beispiel diese neumodischen japanischen Begriffe wie Lean und Kaizen.

Er glaubte plötzlich die Stimme seines Vaters zu hören, der nie verstanden hatte, warum Deutschland ausgerechnet mit Japan im zweiten Weltkrieg einen Pakt geschlossen hatte. Damals verbrüderte sich Deutschland mit Japan auf politischer Ebene, heute auf einem Sektor, der Einfluss nahm auf innerbetriebliche Maßnahmen. Diesmal kam die Botschaft nicht aus den Reihen von Regierungsvertretern, sondern Toyota hatte sie sich auf die Fahnen geschrieben, ein Gigant der Autoindustrie. War es eine Heilsbotschaft? Stolzky wusste es nicht.

„Wir müssen uns täglich zum Besseren verändern, ein System einführen zum Steuern von kontinuierlicher Verbesserung", versuchte Nico ihm gleich zu Beginn seiner Betriebszugehörigkeit zu erklären.

„Man kann zum Beispiel Verbesserung durch Innovation schaffen. Nehmen wir Ihren Vater, wie der vorgegangen ist. Er hat Geld gespart oder sich welches von der Bank geliehen und zum Beispiel in eine Universalfräsmaschine investiert, um produktiver zu werden. Die Produktion hat sich zwar verbessert, aber die tolle Steigerung, die er sich versprochen hatte, hielt nicht lange an. Es stellte sich heraus, eine Maschine mit dreh- und schwenkbarem Tisch ist deutlich ergonomischer zu bedienen. Also investiert er wieder. Die Arbeit wird für den Mann an der Maschine leichter, die Produktivität steigt. Nach einigen Monaten allerdings sinkt sie wieder, was zunächst kaum bemerkt wird, aber nach einem Jahr sieht man, der Zuwachs ist auf die Hälfte zurückgefallen. Weil immer neue Produktvarianten hinzukamen, reichten diese Verbesserungen nicht aus. Um den vielfältigeren Anforderungen gerecht zu werden, hätte beispielsweise eine Winkelsteuerung für den Drehtisch Abhilfe gebracht oder organisatorische Maßnahmen, um die Umrüstzeiten zu reduzieren."

Geduldig hatte Nico Stolzky erklärt: „Ein großer Fehler, der unbedingt vermieden werden muss, ist es, sich auf den Lorbeeren auszuruhen. Für die ursprüngliche Produktpalette war die Maschine ausreichend, nicht aber für die neuen Varianten, die der Kunde bestellte. Diese kontinuierliche Weiterentwicklung bezeichnet man als Kaizen. Zu meinem Job als CTO gehört es, solche Dinge zu erkennen."

Würde sein Vater plötzlich auferstehen, er schlüge vor Verwunderung die Hände über dem Kopf zusammen. Davon war Theo Stolzky überzeugt. Diese neuen Macher im Betrieb, die sich CFO, CEO oder wie Nico CTO, Chief Technology Officer, nannten, wären ihm womöglich mit ihren Ideen suspekt.

Er riss sich aus seinen Überlegungen und fasste Nicos Ausführungen noch einmal zusammen: „Kleinere Losgrößen, eine Reduzierung der Lager- und Pufferbestände, eine bessere Qualitätssicherung, dazu noch die Verringerung der Durchlaufzeiten, das bedeutet niedrigere Herstellkosten. Klingt logisch."

Insgeheim dachte er, mal schauen, ob die Lobeshymnen vorheriger Arbeitgeber gerechtfertigt sind und vor allem, wie Brunsmann das umsetzt.

Der meldete sich jetzt wieder zu Wort: „Aber auch andere Probleme sind unter die Lupe zu nehmen. Ich werde mit allen möglichen Mitarbeitern sprechen. Herrn Leonhard, den Leiter des Konstruktions- und Entwicklungsbüros, muss ich noch für ein Pilotprojekt begeistern. Wir wollen die neuen Pumpenreihen mal einem design-to-cost Ansatz unterziehen. Wer mehr als 25 Jahre im Betrieb arbeitet, und das schon unter Ihrem Vater, wie er mir erzählte, wird mir eine Hilfe sein. Auch Achim Mendel unterstützt mich in hervorragender Weise. Um mir einen Überblick zu verschaffen, werde ich mich intensiv mit weiteren Mitarbeitern unterhalten."

Stolzky beobachtete mit Staunen, wie Frau Berger, seine frühere Sekretärin, täglich Mitarbeiter ins Büro von Nico beorderte, damit der neue Richtlinien vorgeben konnte. Sie arbeitete jetzt für Mendel und nur sporadisch für Nico. Er hatte Karin Faber, eine jüngere Sekretärin, eingestellt.

„Ach wissen Sie, Chef", hatte Frau Berger sich einmal bei Stolzky beschwert. „Ich komme mir vor, als wäre ich das Laufmädchen von Herrn Brunsmann. Mal ist es ein Arbeiter aus der Fertigung, den er sehen will, dann wieder jemand aus dem Einkauf oder der Logistik. Wenn die in der Halle nicht ans Telefon gehen, schickt er mich."

Dass Nico es in kurzer Zeit geschafft hatte, die Hierarchien in den einzelnen Abteilungen völlig außer Acht zu lassen, war ihm selber wohl noch nicht aufgefallen. Stolzky wunderte sich ein bisschen, aber der Neue würde schon wissen, was er tat. Dass er aber so gar nicht den Kontakt vor Ort im Betrieb suchte, brachte ihn ins Grübeln. Seit er mit ihm die Betriebsbegehung gemacht hatte, war er augenscheinlich nicht wieder in der Produktion oder einem der Büros gewesen. Auch wie Nico seine Umsetzungsbefehle in harschem Ton erteilte, erstaunte ihn.

Bei seinem Vater, dem Firmengründer, hatte er erlebt, wie der jovial mit allen Mitarbeitern im Gespräch war, selbst mit den einfachen Arbeitern.

„Auch einer, der nur den Hof fegt, verdient Beachtung", war sein Credo gewesen.

„Wenn die Leute einsehen, der meint es gut mit ihnen und hört sich auch mal ihre Sorgen an, dann klappt Vieles ganz gut. Wenn sie aber den Eindruck haben, der hält sich vielleicht für was Besseres, werden sie bockig."

Auch Peter Leonhard hatte sich in seiner Abteilung über Nicos ‚borniertes Gehabe' ausgelassen, wie er es nannte. „Der Neue führt sich auf wie der Fürst einer Bananenrepublik, dem seine Untertanen zu huldigen haben. Er gewährt ja fast so was wie Audienzen. Vor Ort in den einzelnen Abteilungen sieht man ihn höchst selten."

Wenn Peter Leonhard aber ehrlich war, giftete er Nico Brunsmann an, weil er sich Hoffnung auf die Stelle des technischen Geschäftsführers gemacht hatte. Er kochte vor Wut, als er erfuhr, diesen Platz würde ein anderer einnehmen. Es wurmte ihn außerordentlich, von der Firmenleitung übergangen worden zu sein.

Als dann nach wenigen Wochen auch noch sein Mitarbeiter Gunnar Voss sporadisch aus der Abteilung abgezogen wurde und zum KVP-Manager avancierte, konnte er seinen Frust kaum noch unterdrücken. Dem Brunsmann werde ich Knüppel zwischen die Beine werfen, wo es nur geht, schwor er sich.

„Ja, auf Wiederhören. Wir tun unser Möglichstes", hörte Nico jetzt die Stimme Stolzkys, die verriet, dass hier ein starker Raucher sprach. Ach ja, heute war Dienstag, da hielt es den Alten, wie ihn die Leute inzwischen nannten, nicht zu Hause, da musste er Büroluft schnuppern, dachte Nico, stand auf und klopfte an den Türrahmen.

Stolzky hob den Kopf und schob seine Brille auf die Stirn. Warum kam Brunsmann nicht einfach rein? Das musste er ihm abgewöhnen. Dieses förmliche Auftreten machte ihn nervös. Aber er hatte ja sowieso allerhand Neuerungen eingeführt. Nur mit Terminvereinbarung war er zu sprechen, und seine Tür war meist geschlossen.

Wie immer war Nico tadellos gekleidet. Dunkelblauer Anzug, steingraues Hemd, blaugrau gestreifte Krawatte. Hatte er ihn schon je einmal ohne Krawatte gesehen? Er musste Dutzende besitzen, wenn nicht gar Hunderte.

Stolzky kam sich in seiner grünen Grobstrickjacke, die immer auf der Lehne seines Stuhls auf ihn wartete, fast schon schäbig vor. Er deutete seufzend auf das Telefon.

„Das war gerade die BioGaNo. Der Junior wollte unbedingt

mich sprechen. Die sind wütend, weil wir schon dreimal den Liefertermin für die 20 SX verschoben haben. Dabei haben sie ihre Spezifikation bis zum letzten Tag der Fertigstellung aufgeschoben. Dann wundern sie sich, dass wir nicht termingerecht liefern können. Behaupten doch tatsächlich, der Vertrieb habe nicht zugehört. Auf meine Rückfrage nach dem Grund der Verzögerung höre ich: Der Einkauf entschuldigt sich mit langen Lieferzeiten. Im Lager zetern sie, dass sie am Material ersticken, aber das Gewünschte nicht da ist. Die Produktion klagt, ihr fehlten die Pläne und das Material zeitgleich. Immer das Gleiche, alle motzen und zeigen mit dem Finger auf den anderen."

Stolzky sprang auf und ging mit großen Schritten hin und her. „Wieso kriegen wir das nicht in den Griff?"

Nico nickte bekräftigend mit dem Kopf. „Da gebe ich Ihnen vollkommen Recht. Was können wir dagegen tun? Was ist zu verbessern?"

Stolzky hielt mit seinen Wanderungen durch das Büro inne und sah den Geschäftsführer erwartungsvoll an.

Der hob ein wenig die Stimme: „Einmal angenommen, wir geben einen Appell raus: Ab morgen verbringt jeder hier im Haus zehn Prozent seiner Zeit mit der Umsetzung von Verbesserungen!"

„Zehn Prozent ...?" Stolzky starrte Nico mit offenem Mund an und ließ seine Brille, ohne die Hände zu benutzen, mit ein bisschen Gesichtsgymnastik von der Stirn zurück auf die Nase gleiten.

„Lassen Sie mich rechnen ... , das ist eine dreiviertel Stunde. Jeden Tag!"

Seine Brille wanderte mit einem entschlossenen Griff von der Nasenspitze zurück in höhere Regionen, und er nahm seinen Rundgang wieder auf.

„Ich bitte Sie! Haben Sie das schon dem Teufel vorgeschlagen? Was sagt der dazu?"

Stolzky vermied es, Liang Hu Akuma zu sagen.

„Hu! Wie kann man einem Kind so einen Vornamen geben. Das hört sich ja an, als hätten die Eltern sich erschreckt, als sie das Neugeborene sahen. Und um noch eins draufzusetzen. Wie mir Frau Berger neulich erzählt hat, bedeutet der zweite Vorname Akuma Teufel."

Er gab sich keine große Mühe, Liangs Namen zu behalten. Außerdem schien ihm, der Herr aus Asien hegte keine große Sympathie für ihn. Den einen Tag in der Woche konnte er allerdings sehr gut damit leben. Hätte er gewusst, was Liang erst kürzlich zu Nico gesagt hatte, wäre ihm sicher vor Ärger die Röte ins Gesicht geschossen.

„Stolzky ist für mich wie ein Floh auf der Schlafmatte, der mehr nervt als ein Löwe in der Wüste. Lass dich auf keinen Fall von ihm beeinflussen. Mich regen solche Sätze auf, die er von sich gibt: Was jahrzehntelang unsere Kunden zu zufriedenen Kunden gemacht hat, kann nicht so falsch gewesen sein, sagt er. Nichts begreift er. Warum taucht er hier jede Woche auf? Seine Zeit ist abgelaufen."

Nico war erstaunt, einen Asiaten so abfällig von einem Vertreter der älteren Generation reden zu hören. Bisher hatte er geglaubt, dem Alter würde mehr Respekt entgegengebracht. Liang war wohl doch durch seine Studienzeit schon mehr Europäer als Asiat.

Nico unterhielt sich gerne mit dem Seniorchef und sagte jetzt: „Sehen Sie, schon protestieren Sie, Herr Stolzky. Dafür haben wir keine Zeit, wollen Sie sagen. Aber wir haben Zeit. Täglich vierundzwanzig Stunden. Wir müssen sie nur richtig verwenden. Wir müssen uns klarmachen, wie wir mit Zeit umgehen. Welche Aktivität kostet uns am Tag wie viel Zeit, lautet die entscheidende Frage."

Jetzt breitete sich ein Grinsen auf Nicos Gesicht aus. „Ich mache schon länger meine Geschäftsreisen mit der Deutschen Bahn. Pünktlichkeit wird im Bahnverkehr ja immer mehr zum Fremdwort. Da habe ich viel, viel Zeit, um strategisch an diesen Dingen zu arbeiten. Aber Spaß beiseite. Ich vertrete den Standpunkt: Nicht die Zeit muss gemanagt werden, sondern wir müssen erreichen, nicht Sklave der Zeit zu werden. Eisenhower hat mal gesagt: ‚Do first things first, second things not at all.'"

Während seiner Ausführungen hatte Nico die ganze Zeit am Türpfosten gelehnt. Jetzt zog er sich einen Stuhl heran und fuhr fort: „Wir setzen uns unter Druck, sind gestresst und beschäftigen uns vorrangig mit Aufgaben, die uns nicht nach vorne bringen. Manches geht im Alltag unter, wird vernachlässigt und schließlich ganz vergessen."

„Und, was ist die Lösung? Am besten die Patentlösung!", fiel Stolzky ihm ins Wort und ließ sich schwer atmend wieder hinter seinem Schreibtisch nieder.

„Wir wissen ja eigentlich alle, dass sich viele Aufgaben mit einem Mitteleinsatz von zwanzig Prozent erledigen, wodurch sich achtzig Prozent der Probleme lösen lassen."

Nico räusperte sich: „Absolut wichtig ist, Clear Order beim Kunden zu schaffen. Mein Eindruck ist, das wird draußen vor Ort nur halbherzig umgesetzt. Ohne genaue Vorgaben treten eben ständig Probleme auf."

„Glauben Sie mir, Brunsmann", unterbrach Stolzky ihn. „ Ich spreche aus Erfahrung. Bei den oft sehr speziellen Bauteilen für die Pumpen kann sich die Lieferzeit immer mal wieder immens verlängern." Dabei drehte er sich in seinem Sessel hin und her. Den hatte schon sein Vater besessen, im wahrsten Sinne des Wortes. Dem Leder waren die Runzeln und Falten des Alters deutlich anzusehen. Beim Drehen gab er ein knarrendes Geräusch von sich. Zu Nicos großer Erleichterung ebbte das Geräusch plötzlich ab, dafür fing Stolzky an, wilde Schlangenlinien auf seine Schreibunterlage zu malen, während er fortfuhr: „Was bei unseren Kunden noch erschwerend dazukommt: Oft wissen sie selbst nicht genau, was sie brauchen. Sie zählen aber darauf, dass wir nahezu Unmögliches möglich machen."

„Das wiederum garantiert den deutschen Mittelständlern ja auch einen Wettbewerbsvorteil gegenüber der Konkurrenz", warf Nico ein.

„Ich überlege, ob man spezielle Teile in kleiner Stückzahl an Lager nehmen oder durch Drittlieferanten ordern sollte, um die Produktion in Fluss zu halten. Allmählich werde ich ungeduldig, weil es mit meinem Umsetzungskonzepten im Betrieb viel zu langsam vorangeht. Da bestelle ich mir Tag für Tag einen Mitarbeiter aus den unterschiedlichsten Arbeitsbereichen in mein Büro, und das Ergebnis ist, dass meine Vorschläge und Anordnungen abgenickt werden. Liang verliert auch immer mehr die Geduld. Ab und zu stößt er Drohungen aus, meint, ich gehe zu lax mit der Belegschaft um. Die Banker im Aufsichtsrat würden Druck machen."

3

Das Telefon klingelte. Achim Mendels Stimme klang aufgeregt. Als müsse er nach Luft ringen, berichtete er Nico von einem Gespräch mit Liang. „Kannst du mal zu mir rüberkommen? Alarm, Alarm!"

Nico ließ sich nicht zwei Mal bitten und ging eilends in Mendels Büro ein paar Türen weiter.

„Gerade war Liang da und wollte die letzten Verkaufszahlen von mir haben," berichtete Mendel. „Er wütete, würde der Ertrag nicht um mindestens zehn Prozent gesteigert, käme hier bald was ganz anderes zum Verkauf. Was die Vertriebler eigentlich täten. Kosten seien zu reduzieren, die Produktion zu verschlanken. Es müssten wohl mal Köpfe rollen."

Mit einem Knall schob Mendel die Schreibtischschublade zu.

Nico zuckte zusammen und sagte: „Ich habe bisher geglaubt, eine asiatische Tugend wäre Geduld. Wir wissen doch so gut wie er, dass auf der einen Seite der Durchsatz gesteigert werden muss, damit wir im Wettbewerb bestehen können, andererseits die Kosten gesenkt werden müssen, damit wir noch profitabler arbeiten und sich damit schon mal der Ertrag steigern würde."

„Da wirft er eine Zahl in den Raum", schnaubte Mendel, „zum Beispiel zehn Prozent Ertragssteigerung. So nach dem Motto friss oder stirb. Wie das vonstattengehen soll, sagt er aber nicht."

„Ganz genau", fuhr Nico dazwischen und setzte sich auf die Schreibtischkante.

„Das ist doch, als würdest du sagen, ich will an einem Marathonlauf teilnehmen und unter dreieinhalb Stunden bleiben. Ein sehr plakatives Ziel! Um das zu erreichen, musst du ja aber ein spezielles Trainingsprogramm aufstellen. Bevor du damit jedoch überhaupt beginnen kannst, gilt es erst mal, deine körperliche Verfassung zu sondieren. Wie groß bist du, was wiegst du, wie steht es mit deinem Lungenvolumen, deiner Pulsfrequenz bei Belastung? Welche Art von Training wäre nach den gewonnenen Erkenntnissen speziell für dich geeignet. So wird doch erst ein Schuh draus. Und ob du dann die dreieinhalb Stunden tatsächlich packst, hängt am Tag des Laufes immer noch von vielen Faktoren ab, die du

nicht beeinflussen kannst, wie von der Witterung, dem Strecken-
profil und der Tagesform.

Genauso sehe ich es für uns, eine Art Trainingsprogramm muss
her für Siebert & Stolzky. Mir wirft er ja zudem immer vor, ich sei
zu zahm. Strikte Anweisung an die Mitarbeiter, so müsse es laufen.
Nie zu freundlich sein. Die Leute immer mal die Peitsche spüren
lassen, dass sie den Luftzug spüren. Spanne den Bogen, aber schie-
ße nicht. ‚Gefürchtet zu sein, ist wirksamer!‛, zitierte er neulich ein
chinesisches Sprichwort. Und mit dem freundlichsten Gesichtsausdruck, den man sich denken kann, klopft er solche Sprüche.“

Mendel nickte und sagte: „Dabei habe ich gerade eine Studie
der Hochschule Osnabrück gelesen, die mal wieder besagt, dass
viele Chefs die Personalführung total unterschätzen. Schlechte
Personalführung würde toleriert, sofern das operative Ergebnis
des Unternehmens stimme. Dass Mitarbeiter aufgrund der gerin-
gen Wertschätzung dann ‚innerlich kündigen‘, ist oft die Folge,
was mit immensen Kosten verbunden ist.“

„Ja, ja, Peitsche und kein Zuckerbrot“, zischte Nico aufgebracht.

„So allmählich benutzt er nicht nur chinesische Weisheiten, sondern macht sich auch unsere deutschen Redensarten zu Eigen.“

Er seufzte: „Unser guter Liang müsste sich vielleicht sogar mal
an die eigene Nase fassen. Die Studie zeigt nämlich auch, Seminare und Entwicklungsprogramme werden von der Personalführung nicht wahrgenommen. Werden als nicht wichtig eingestuft.
Angestellte würden dieses Verhalten ihrer Vorgesetzten oft übernehmen. Ich versuche ihm gerade beizubringen, dass in die Köpfe
der Leute erst mal rein muss, den Satz auszumerzen: ‚So haben
wir das immer gemacht.‘ Liang denkt, nichts wäre einfacher. Ich
arbeite, seit ich hier bin, intensiv daran. Habe ihm gesagt, starke
Gewohnheiten erschweren die Veränderung in der täglichen Arbeit. Verändern aber muss sich etwas, nur Liang begreift nicht,
dass ein großer Teil der Mitarbeiter dazu bereit ist. Sie aber sagen:
Verändern ist toll, nur verändert *werden*, ist furchtbar. Was wühlst
du denn da die ganze Zeit auf deinem Schreibtisch herum?“, fragte
Nico jetzt.

„Ich hab es gleich“, knurrte Mendel. „Hier, der Brief, und gestern kam eine E-Mail.“

Er fuchtelte mit einem Blatt Papier herum. „Ein zweiter asiatischer Teufel ist im Anmarsch."

„Was?"

Mendels Finger sausten jetzt über die Tastatur seines Computers, und er las vom Bildschirm ab: „ ...wird in den nächsten Tagen Park Sholpan bei Ihnen eintreffen zur Unterstützung der Abteilung Rechnungswesen. Genaue Ankunftszeit folgt kurzfristig."

„Aha, Nachtigall, ick hör dir trapsen. Das riecht nach Kontrolle, oder wie siehst du das? Aber vielleicht ist dieser Park gar kein Teufel. Ein paar Engel muss es in China doch auch geben."

„Wie verfahren wir nun weiter?" Aus Mendels Stimme klang Ratlosigkeit.

„Wir müssen mit Routine wieder auf die Macht der Gewohnheit setzen."

„Aber du hast doch gerade gesagt, Gewohnheiten sind schlecht."

„Ja, es hört sich grotesk an, ist aber richtig. Nur erfolgreiche Wiederholung kann neue Verhaltensweisen verankern. Das gilt insbesondere für die Führungsebene. Was zum Beispiel beim Laufen der Trainingsplan, ist in der Führungsorganisation Standard-Management-Arbeit – ein sicheres Werkzeug, mit dem wir Routine bei unseren neuen Aufgaben schaffen."

„Du willst damit sagen, wie es immer so schön heißt, der Fisch stinkt zuerst vom Kopf, um mal wieder ein Sprichwort zu zitieren", antwortete Mendel.

„Wir müssen zusammen mit Liang und allen Führungskräften die regelmäßigen Standardaufgaben festlegen und, was wichtig ist, auf Aufgabenkarten schreiben. Die machen Führungsaufgaben öffentlich. So kann nicht nur die Führungskraft selbst täglich sehen, was für Aufgaben sie hat. Auch alle anderen Mitarbeiter nehmen Anteil. Das erhöht die Transparenz und schafft eine enorme Glaubwürdigkeit."

„Der eine wird sich an die Vorgaben halten, andere wieder werden die Sache nach kurzer Zeit schleifen lassen", warf Mendel ein.

„Zum Beispiel Peter Leonhard? Denkst du an den?"

„Ja, der ist ja derartig dickfellig."

Während Nico redete, bog Achim Mendel eine Büroklammer auseinander, hatte jetzt ein gerades Stück fabriziert, kniff die Augen zusammen, visierte den Papierkorb neben der Tür an und warf es wie einen Pfeil hinein.

„In regelmäßigen Abständen muss das System natürlich reflektiert werden. Mensch, nun hör mir zu und lass den Spielkram", knurrte Nico, als Mendel sich die nächste Büroklammer griff.

„Was ist inhaltlich zu verbessern, womit kommt die Führungskraft vielleicht noch nicht zurecht im Tagesgeschäft? Außerdem muss die Durchführungsquote gemessen werden, um festzustellen, wie viele Standardaufgaben auch wahrgenommen wurden. Ich tüftele da noch an einem geeigneten System."

„Muss, muss, muss! Ich muss mir vor allem einen Kopf machen wegen Park Sholpan", seufzte Mendel.

Zwei Stockwerke tiefer im Konstruktionsbüro führten Peter Leonhard und Gunnar Voss zur gleichen Zeit ebenfalls ein Gespräch.

„Ich bin gespannt, was unser Nico Brunsmann als nächstes ausbrütet."

Peter Leonhards Stimme klang höhnisch. Er deutete auf ein Poster an der Wand zwischen den Fenstern, das die verformten Uhren nach dem Gemälde von Dalí zeigte. Quer darüber stand in roten Großbuchstaben: VERGEUDE KEINE ZEIT!

„Vergeudet haben wir genau die: Unsere kostbare Zeit und zwar damit, alberne Appelle anzuhören. Ich möchte nicht wissen, was die Plakate gekostet haben, die jetzt überall rumhängen, und die Broschüren, die an die Belegschaft verteilt wurden. Wie viel Geld zum Fenster rausflog."

„Bei manchem magst du Recht haben, aber diese GTD-Trainings fand ich ziemlich interessant", widersprach Gunnar. „Alle Tätigkeiten, Ziele, Projekte, Verpflichtungen zusammenzutragen, praktisch alle losen Enden zusammenzuknüpfen, kann doch auch Klarheit bringen, seine Zeit besser zu planen."

„Getting things done hört sich ja auch pompöser an als das gute deutsche Wort Aufgabenplanung. Ich kriege einen Lachkrampf, wenn ich höre, Körbe aufzustellen, in die Zettel geworfen werden mit den zu bewältigenden Aufgaben.

FÜHRE HANDLUNGEN SOFORT DURCH, WENN SIE WENIGER ALS ZWEI MINUTEN IN ANSPRUCH NEHMEN!

Da hat das Aufschreiben länger gedauert als zwei Minuten, und ich hätte die Sache gleich erledigen können. Körbe!!", Peter Leonhards Stimme klang jetzt ätzend. „Wir leben im Computerzeitalter."

„Niemand hält dich davon ab, deinen Computer damit zu füttern. Im Lager sieht das möglicherweise etwas anders aus. Da kann so ein Instrument hilfreich sein. Nun reg dich wieder ab", lachte Gunnar.

„Glaubst du im Ernst, irgendeiner erinnert sich noch an die Appelle oder wirft nur einen einzigen Blick auf diese Kunstwerke?"

Leonhard stand auf, stemmte beide Hände in die Hüften und stellte sich breitbeinig vor das Poster.

„Ja, wenn statt der Wabbeluhren ein Playmate mit einem knackigen Arsch zu sehen wäre, lohnte sich ein Blick darauf, und auch das Motto könnte dann passen: Vergeude keine Zeit."

Ein joviales Lächeln umspielte jetzt seine Lippen und er rieb sich die Hände. „Getting things to do, das wäre doch mal ein Motto, zum Beispiel mit einer reizenden Blondine."

Auf dem Weg von Mendel zurück in sein Büro überlegte Nico sich, mit Gunnar Voss zu sprechen. Seine Sekretärin hatte ihm morgens gesagt, dass der 16-Uhr-Termin ausfallen würde, und er hatte sie gebeten, ihn freizuhalten.

„Sylvia, rufen Sie doch mal im Konstruktionsbüro an", sagte er, „und bitten Gunnar Voss zu mir. Kann ich einen Kaffee kriegen?"

„Geht in Ordnung. Ich mach' auch einen für Herrn Voss, wenn er kommt."

Der ließ sich nicht lange bitten.

„Ah, hallo. Wir wollten ja noch mal etwas ausführlicher sprechen", begrüßte Nico den nach kurzer Zeit eintretenden Gunnar.

„Sie stimmten mir neulich ausdrücklich zu, dass Umsetzungsstärke nicht unsere beste Disziplin ist. Setzen Sie sich bitte."

„Ich habe das Kind direkt beim Namen genannt und von Umsetzungsschwäche gesprochen."

„Wie meinen Sie, können wir wirksam Schwäche in Stärke verwandeln?"

Ohne lange zu überlegen, kam wie aus der Pistole geschossen Gunnars Antwort. „Wir müssen am System, am Ganzen arbeiten. Ich habe mal gelernt, dass Führung nicht etwa die Arbeit *im* System sei, sondern die *am* System. Die Führungskraft kann noch so oft wechseln, jede und jeder hat da eine andere Auffassung als der Vorgänger. Es nützt nichts, die Lösung von Problemen darin zu suchen, zum Beispiel Menschen wie auf einem Schachbrett hin und her zu schieben, solange das Brett immer dasselbe bleibt. Es gilt also, sich Gedanken zu machen, was könnte an Stelle des Bretts treten? Ich will kein Blatt vor den Mund nehmen, oft ist es doch so, wenn Manager mal die Strukturen anpassen wollen, dann schieben sie immer nur ein paar Kästchen im Organigramm umher. Und das soll's dann gebracht haben. Ganz schön naiv, finde ich."

Nico räusperte sich, er fühlte sich ertappt: „Worauf wollen Sie hinaus, Herr Voss?"

„Na ja, ich bin inzwischen davon überzeugt, wenn wir wirklich umsetzungsstärker werden wollen, dann müssen wir nicht bloß Mitarbeiter in eine Schulung packen, sondern vor allem Rahmenbedingungen schaffen, damit eigenverantwortliches Handeln möglich, also erlaubt und gefördert wird. Der Anreiz, das Verbesserte fortzuführen, ergibt sich dann von selbst."

Gunnar trank einen Schluck Kaffee und sah Nico erwartungsvoll an, der sagte: „Wenn ich durch den Betrieb gehe, sehe ich keinen Mitarbeiter, der den lieben Gott einen guten Mann sein lässt, um das Wort Nichtstun mal zu umschreiben. Alle wirken emsig, aber wenn Liang uns die Zahlen um die Ohren haut, zeigt sich, es bewegt sich im Unternehmen zu wenig. Umso mehr freut mich, in Ihnen einen so engagierten Mitarbeiter zu finden. Wie kommen Sie dazu?"

„Ich habe mich seit geraumer Zeit in Schulungen weitergebildet, weil ich die Themen spannend finde. Ich bin keiner, der Dienst nach Vorschrift macht."

Mit einem Lächeln fügte er hinzu: „Vielleicht möchte ich auch mal etwas anderes verinnerlichen als Konstruktionszeichnungen, was natürlich mein Job ist."

Die offene Art Gunnars gefiel Nico, und er beschloss, ihn in Zukunft für Schulungen mehr einzubinden.

„Ich habe gerade eben mit Peter Leonhard über getting things done diskutiert. Er ist davon nicht so ganz überzeugt, aber ich finde, man muss lernen, gut mit seiner Zeit umzugehen."

„Und Leonhard glaubt das nicht?"

„Doch, im Grunde schon. Ich will hier um Gottes Willen meinen Chef nicht in ein schlechtes Licht rücken."

Gunnar sah jetzt ein bisschen unglücklich aus, als fühle er sich zwischen Stamm und Borke.

„Es gibt aber Dinge oder Situationen, die müssen sofort erledigt werden, während andere warten können, womöglich sogar überhaupt nicht relevant sind."

„Also Ablage P, wie es so schön heißt", warf Nico ein.

„Erst mal gibt es die Sparte NICHT DRINGEND. Dazu gehören Dinge, die man aufschieben kann, ohne dass eine Insolvenz droht. Selbst wenn ein Ausrufezeichen vor der E-Mail suggeriert – Eilig. Im Fall DRINGEND geht es zum Beispiel um eine termingerechte Überweisung ans Finanzamt oder die Abholung der Trauringe am Tag vor der Hochzeit. Das ist DRINGEND. Leider wird es jetzt etwas komplizierter."

„Ich bin gespannt, wie Sie das Eisenhower-Modell interpretieren, denn davon ist ja hier die Rede, oder? Also weiter im Text."

„Manche dringenden Dinge sind unwichtig", fuhr Gunnar fort, griff nach einem Blatt Papier. Mit schnellen Strichen zeichnete er ein Kreuz auf mit vier Feldern.

„Es gibt Dinge, die sind unwichtig, und es gibt Dinge, die sind wichtig. Das hört sich ganz selbstverständlich an. Man muss sich klar machen, etwas Unwichtiges wird dadurch, dass man es besonders gut erledigt, nicht zu etwas Wichtigem. Und die Tatsache, dass eine Aufgabe besonders viel Zeit in Anspruch nimmt, macht eine unwichtige Sache auch nicht plötzlich zu einer wichtigen.

Erstaunlich ist ja, die wichtigen Dinge gehören fast immer in den Bereich ,nicht dringend'. Wenn man jetzt aus dringend ,nicht Dringend' macht, scheinen wichtige Dinge plötzlich unwichtig zu sein – und das Chaos ist perfekt. Der Vater dieser Theorie teilt das

Ganze in vier Felder ein mit der Achse UNWICHTIG – WICHTIG und der Achse NICHT DRINGEND – DRINGEND."

Mit dem Stift stieß Gunnar jetzt auf ein Feld.

„Wir beschäftigen uns vorrangig mit den dringenden Aufgaben und nehmen uns zu wenig Zeit für das entscheidende Feld, für die Dinge, die uns nach vorne bringen.

Der regelmäßige Sport ist nicht dringend, aber wichtig.

Ein gutes Buch zu lesen, ist nicht dringend, aber wichtig.

Mit meinem Sohn Mensch ärger dich nicht zu spielen, ist nicht dringend, aber wichtig.

Weil diese Dinge nicht dringend sind, gehen sie oft im Alltag unter, werden vernachlässigt oder im schlimmsten Fall vergessen."

„Sie meinen also damit", hakte Nico ein, „manche Verbesserungen im Betrieb haben ein großes Manko: Sie sind nicht dringend, aber eigentlich ganz schön wichtig?"

„Genauso ist es. Wichtig im Sinne von, sie bringen das Geschäft nach vorn, das Unternehmen strukturell voran. Führungskräfte müssen begreifen, auf dieses Feld mehr als fünfzig Prozent ihrer Zeit zu konzentrieren. Aber sie lassen sich von Dingen ablenken, die dringend sind. Sie tappen in die Eisenhower-Falle und kümmern sich mit aller Kraft um die dringenden Dinge. Für die wichtigen Dinge nehmen sie sich zu wenig Zeit."

Gunnar trank seine Tasse aus und lachte jetzt ein bisschen gequält.

„Aber ich habe gut reden. Dringend quengelt lautstark wie verrückt an der Supermarktkasse und erpresst von seinem Vater das hundertste Überraschungsei. Für das Vorankommen im Leben völlig unwichtig, aber in diesem Moment für jeden im Supermarkt unüberhörbar dringend. Im Unternehmen ist das dann der Kunde, ein Kollege, der Chef, der natürlich andere Strategien entwickelt, um Dringlichkeit klarzumachen."

Als hätte er einen Hundertmeterlauf hinter sich, atmete Gunnar jetzt tief aus.

„Ich hoffe, Herr Brunsmann, ich habe Sie mit meinem Monolog nicht gelangweilt."

„Im Gegenteil. Danke für Ihre offenen Worte. Vieles davon können wir in Schulungen den Mitarbeitern klar machen. Sie sind dafür bestens geeignet, wie mir scheint. Ich bin übrigens gerade dabei, meine Routinearbeiten aufzulisten und mir mit Hilfe von Aufgabenkarten gewisse Zeitfenster zu schaffen. Wir können ja noch mal darüber reden, wenn ich erste Erfahrungen gesammelt habe.

Gunnar trank den letzten Schluck seines Kaffees und stand auf.

Aber eines noch, Herr Voss. Könnte es sein, dass die Schwierigkeit von Führungskräften, das Wichtig-Dringend-Dilemma zu lösen, auch viel mehr von den Rahmenbedingungen abhängt als von der Fähigkeit des Einzelnen? Ich habe darüber schön häufiger mal nachgedacht. Wenn wir den Leuten am Anfang des Jahres 20 Ziele in den Rucksack packen und dann noch ständig Sonderprojekte oben drauf, dann weiß doch keiner mehr, was wichtig und dringend ist, oder? Und Schulungen helfen da sicher auch nicht."

„Über diese wichtige Frage muss ich erst mal in Ruhe nachdenken, Herr Brunsmann", lachte Gunnar. „Vielleicht müssen wir mehr mit den Leuten reden, welche Rahmenbedingungen sie als dringend erachten, und kommen dadurch zu ganz neuen Erkenntnissen."

—4—

Am Abend wartete Nico auf seinen alten Schulfreund Tobias im *StäV*, der *Ständigen Vertretung*, auf ein Bier. Einmal im Monat war das für sie zu einem Ritual geworden. Er trank genüsslich sein zweites Bier, merkte, wie die tägliche Anspannung allmählich von ihm abfiel und freute sich darauf, gleich mit Tobias reden zu können. Der Freund war immer für Tipps in allen Lebenslagen und Vorschläge gut. Die Kneipe war gut besucht, und die vielen Stimmen erinnerten an das Summen und Brummen eines Bienenstocks.

Tobias und Nico hatten sich nach dem Abitur ein wenig aus den Augen verloren. Während Nico Wirtschaftsingenieurwesen in München studierte und sich danach bei Unternehmen in der ganzen Republik tummelte, war Tobias im Norden geblieben.

Im *StäV* waren sie zufällig irgendwann wieder aufeinandergetroffen. Die berufliche Laufbahn der beiden Freunde war anfangs ähnlich verlaufen, nur dass Tobias ein paar Jahre als Unternehmensberater hauptsächlich Banken zu seiner Klientel zählte und Nico geschäftsführend in Groß- und Mittelstandsunternehmen tätig gewesen war.

Dann hatte Tobias seine Frau, Sybille, kennengelernt. Sie war Sängerin in einer ziemlich angesagten Band. Sie heirateten, und zu Nicos größter Überraschung hängte Tobias von heute auf morgen seinen Job an den Nagel. In seiner Freizeit hatte er schon immer Saxophon gespielt. Jetzt machte er sein Hobby zum Beruf und stieg als Saxophonist bei der Band ein. Zusätzlich managte er „Near & Dear".

Als sich Nachwuchs anmeldete, fragte er Nico, ob er nicht Patenonkel werden wollte, was der mit großer Freude angenommen hatte. Besonders seit Fabian ins Kindergartenalter gekommen war, unternahm Nico mit ihm etwas. Mal zeltete er mit seinem Patenkind im Garten, dann gingen sie zusammen in den Zoo, oder ein Drachen wurde gebastelt.

‚Ich will nicht nur so ein Nennonkel sein, der zum Geburtstag und zu Weihnachten Geschenke abgibt', hatte er sich vorgenommen.

Außerdem kann ich schon mal ein bisschen üben, bis es bei uns klappt mit dem Kinderkriegen.

Gerade checkte Nico noch schnell im Netz seine E-Mails auf dem Smartphone, als er sah, dass Tobias sein Mountainbike am Laternenpfahl vor dem Lokal anschloss. Er nahm den Helm ab und strich sich die langen Haare mit beiden Händen zurück. Hätte er früher so eine Frisur gehabt, hätte er manchen Banker verschreckt, dachte Nico.

„Der hat bestimmt schon etliche Kilometer auf dem Fahrradsattel hinter sich, quer durch den Wald womöglich", knurrte er dann.

Sein Handy dudelte die ersten Takte des letzten Sommerhits. Er hob kurz die Hand, um den Freund auf sich aufmerksam zu machen und an seinen Tisch zu lotsen. Dann widmete er sich dem Anrufer.

„Selbst in der Kneipe noch im Dienst", lästerte Tobias grinsend und zog einen Stuhl in Reichweite, als Nico das Gespräch mit den Worten beendete: „Sie können mich jederzeit anrufen, jederzeit."

„Ich habe keine Zeit, durch die Gegend zu radeln wie du!"

„Radeln? So würde ich das nicht nennen. Ich reiße ganz schön Kilometer ab auf so einer Tour. Puh! Warm ist mir geworden."

Er zog mit einem Ruck den Reißverschluss seiner Shirtjacke auf.

„Zudem habe ich bis vor ein paar Stunden noch im Flieger gesessen, dann muss ich mich einfach auspowern."

„Im Flieger gesessen? Wie das?"

„Wir sind in Verhandlungen für einen Auftritt der Band im Herbst in London."

„Donnerwetter, England, ich staune. Na klar, du bist ja aber auch der richtige Mann für lukrative Abschlüsse – bei deinem Organisationstalent. "

Nico nickte zustimmend mit dem Kopf.

„Jetzt wird ‚Near & Dear' auch auf der Insel berühmt werden."

Tobias rieb sich die Hände. „Wir werden die Charts stürmen, und das Geld können wir bald scheffeln. Die Londoner Clubs werden sich um uns reißen, egal ob das *Cargo*, das *Egg*, das *Pacha* oder wie sie alle heißen, die angesagten Clubs."

Er grinste von einem Ohr bis zum anderen.

Schon stand ein frisch gezapftes Kölsch vor ihm. Mit einem behaglichen „Aah" setzte er das leere Glas ab und wischte sich den Schaum von den Lippen. Dann wühlte er kurz in seinem Rucksack und legte ein Buch vor Nico auf den Tisch.

„Hab' was für dich! Fiel mir am Flughafen in die Hände. Solltest du mal lesen!"

Nico griff danach. „Alex Rühle, Ohne Netz", las er halblaut.

„Da beschreibt dieser Rühle, wie nach einem Arbeitstag am Rechner mit unaufhörlichem Info-Geprassel das Gehirn einem ‚neuronalen Flipperautomaten' gleicht, dessen Drähte noch stundenlang im Dunkeln nachglühen. Als er merkt, dass sich die Grenzen zwischen Beruf und Privatleben auflösen, beschließt er, für eine Zeit offline zu gehen. Er verabschiedet sich von E-Mails, Handy und Internet. Das praktiziert er tatsächlich ein halbes Jahr, heißt es im Klappentext."

„Klugscheißerei", schnaubte Nico.

„Ärger im Job? Spuck's aus!" Amüsiert betrachtete Tobias den Freund.

„Ich glaube, Liang zweifelt an meiner Kompetenz. Ich habe so einen Hals. Auch werden meine Anordnungen im Betrieb viel zu langsam umgesetzt."

„Das ist nichts Ungewöhnliches."

„Glaub mir, manchmal könnte ich jeden einzeln anschreien: Wirf den Frosch an die Wand, kill the frog!, damit endlich der Prinz wie im Märchen hervorkommt." Er trank einen großen Schluck.

„Übrigens habe ich neulich gelesen, in Japan bedeutet das Wort *Kaeru* bezeichnenderweise gleichzeitig Frosch und Veränderung. Es muss sich etwas in der Firma ändern und zwar grundlegend!"

Nicos Faust krachte auf den Kneipentisch, und die Gäste am Nachbartisch drehten sich erschrocken um.

„Ruhig, Brauner, ganz ruhig!" lachte Tobias „aber ich kann dich gut verstehen. Das kommt mir alles sehr bekannt vor. Ich kannte das Gefühl früher auch, dass nichts schnell genug zu gehen scheint. Vielleicht solltest du es mal mit Umsetzungs-Events versuchen. Damit habe ich damals ganz gute Erfahrungen gemacht."

„Umsetzungs-Events, die habe ich vor ewigen Zeiten auch schon gemacht, bin ja auch gerade wieder dabei und hoffe, es bringt was."„Versuch macht klug, sagt man doch. Ich halte viel davon. Dein Ziel sollte sein, eine umsetzungsstarke Unternehmensorganisation zu schaffen."

„Ja, das hat mir heute ein Mitarbeiter aus unserer Konstruktion auch schon gesagt. Was meinst du damit?"

„Du weißt doch wie es ist. Jedes Unternehmen startet ab und an Verbesserungsinitiativen, sei es die schlanke Produktion, kürzere Entwicklungszeiten, Integration der Supply-Chain-Partner und so weiter und so weiter. Es werden Schulungen durchgeführt, erste Erfolge erzielt. Die Mitarbeiter werden weiter geschult, und schnell wissen Führungskräfte und die Belegschaft, was zum Erfolg führt und was nicht. So weit die Theorie. Denn plötzlich, drei Monate später merken alle, nichts oder nur wenig von dem Gelernten ist in der Praxis angekommen. Da gähnt sie dich an: die Umsetzungslücke. Und genau das ist das größte Problem, dem du Paroli bieten musst:

Du darfst nicht vergessen, den vielen guten Ideen, die sich angesammelt haben, den Raum zur Umsetzung zu geben!"

Nico hatte eher gelangweilt zugehört und sagte jetzt: „Liang liegt uns nur in den Ohren mit Prozentzahlen: Erhöhen Sie die Leistung um zehn Prozent, besser noch um zwanzig Prozent. Wie wir das machen sollen, sagt er nicht."

„Ja, ja", nickte Tobias. „Das wird dann oft als Chance zur Eigenverantwortlichkeit verkauft, ist im Grunde aber eine Führungsschwäche. Behalte immer im Auge, ihr braucht eine klare Vorstellung vom Soll-Zustand, nicht nur von den Zielen. Ich vermute, euren Soll-Zustand kennt ihr derzeit gar nicht."

Nico nickte und wirkte verlegen. Eben typisch Tobias, einem die Augen zu öffnen. Er nahm kein Blatt vor den Mund.

„Und lass die Leute selbst machen. Es fehlt tatsächliches Ownership, eine wirkliche Beteiligung. Aber erst die bringt Überzeugung, Nachhaltigkeit und vor allem viel positive Unternehmenskultur. Die meisten Arbeitnehmer reißen doch einfach ihren Striemel runter, weil sie denken, ob ich mich im Betrieb einbringe oder in China fällt ein Sack Reis um, das interessiert doch keinen."

„Passt ja in unserem Fall wie die Faust aufs Auge." Jetzt musste Nico lachen, aber Tobias fuhr unbeirrt fort: „Was meinst du, wie die Post abgeht, wenn einer merkt, die da oben nehmen mich ernst. Mein Vorschlag wird gehört. Meine Eingabe diskutiert. Der eine zieht den nächsten mit. Es entsteht ein Dominoeffekt im positiven Sinn."

Tobias trank sein Glas auf einen Zug leer. Schmunzelnd sagte er dann: „So, das war das Wort zum Sonntag, aber jetzt mal was anderes. Wie geht es Jessica? Hat sie den Schock allmählich überwunden?"

Nico schüttelte den Kopf, sein Gesicht wurde eine Spur ernster. Und da waren sie wieder: die Bilder.

Blut, überall Blut. ... Am schlimmsten der Schrei, als fahre ein Stahlseil über ein Sägeblatt. Und wäre das nicht schon genug, raste in dem Augenblick draußen auf der Straße vor dem *StäV* ein Krankenwagen mit ohrenzerreißendem Getöse vorbei. Nico hätte sich am liebsten die Ohren zugehalten. Langsam verlor sich das Martinshorn in der Ferne.

„Soll Sybille mal mit Jessica reden? Habt ihr schon mal an eine Therapie gedacht?"

„Sie lässt niemanden an sich heran. Ich renne gegen eine Wand bei ihr. Sie leidet, ich leide. Zu Hause ist kein Fortschritt zu sehen, und auch in der Firma geht nichts so recht voran", seufzte Nico.

„Dann habe ich einen prima Vorschlag. In zwei Wochen ist in Fabians Kindergarten Abschlussfest. Ab Sommer geht er ja in die Schule. Ihr kommt beide und vergesst mal alles. Um zehn geht's los. Zu essen und zu trinken gibt es auch. Das genaue Datum und die Uhrzeit sage ich dir noch."

„Ich komme gern", sagte Nico, „aber für Jessica kann ich nicht garantieren."

36

5

Mindestens zwei Mal pro Woche machte Nico neuerdings Kontrollgänge in den Werkshallen, „um den Schweißgeruch der Arbeit zu inhalieren", wie er grinsend zu Karin Faber sagte, wenn er sich bei seiner Sekretärin abmeldete. „Hier bei Ihnen duftet es ja immer nach Frühling."

Nico deutete auf den Strauß, der auf ihrem Schreibtisch stand.

„Wenn Ihnen als Mann das sogar auffällt, kann es ja nicht so ganz verkehrt sein, dass ich immer frische Blumen in der Vase habe."

Vor Ort in Halle 5 roch es nach Metall, das geschnitten, gefräst und gebohrt wurde. Ein bitterer Geschmack legte sich auf Nicos Lippen, der ihn ganz plötzlich an seine frühe Kinderzeit erinnerte, wenn er bei seiner Oma zum Essen das billige Aluminiumbesteck benutzte. Wie lange hatte er daran nicht mehr gedacht.

„Es war das erste, was wir uns nach der Flucht wieder zugelegt haben. Alles mussten wir ja zurücklassen", hatte sie ihm auf seine Frage geantwortet, warum sie so schäbige Gabeln, Löffel und Messer hätte. „Mein schönes Silberbesteck liegt vergraben in Schlesien im Garten."

Irgendwann war das Wirtschaftswunder dann auch im Haushalt der Großeltern eingezogen und das Aluminiumbesteck in den Müll gewandert.

Als er an einem Montageplatz vorbeikam, wunderte er sich über den großen Bestand an halbfertigen Pumpen.

An der Säge, an der die Rundstähle geschnitten wurden, sah es aus wie Kraut und Rüben. Viel zu viele Reststücke lagen zwischen Eisenspänen, Staub bedeckte den Boden. Die Arbeitsaufträge flogen lose herum. Die Ösen der durchsichtigen Kunststofftaschen, in denen sie am Arbeitsplatz aufgehängt wurden, waren teilweise ausgerissen, sodass die einzelnen Blätter bei jedem Luftzug auf den Boden oder unter die Tische segeln konnten. Schon ein paar Mal hatten sich Vorarbeiter bei ihm beschwert: „Mit dem Nachschub in der richtigen Größe und Menge klappt es nicht! Was geliefert wird, brauchen wir nicht, und was wir brauchen, kriegen wir nicht!"

Kundenbeschwerden häuften sich. Der Lieferverzug nahm inzwischen ein bedrohliches Ausmaß an. Gerade hatte sich ein Mitbewerber wieder einen dicken, sicher geglaubten Auftrag geangelt.

„Meine Geduld ist am Ende", tobte Liang. „Ich höre immer, alles wird besser, alles wird besser, nur Geduld. Aber es gibt Menschen, die Fische fangen und solche, die nur das Wasser trüben. Die Mängel müssen endlich abgestellt werden, oder ich sehe mich gezwungen, zu Mitteln zu greifen, die keinem gefallen werden."

Und dann erfuhr Nico, dass sie sich freuen könnten, dass die Zentrale in Shanghai bisher sehr moderat auf viele Vorkommnisse reagiert hätte. Er, Liang, wüsste von einem chinesischen Konzern mit einer Art eigenem Fernsehsender.

„Der Konzernchef meldet sich und gibt Anweisungen. Die Mitarbeiter, weltweit, haben sich zur Zeit der Live-Rede vor den Geräten in ihrem jeweiligen Land einzufinden – und wehe, wenn nicht! Den Boss interessiert nicht, dass es in Rio zum Beispiel zwei Uhr nachts ist, wenn er seine Anordnungen erteilt. Ob Sonntag ist oder ein Feiertag spielt keine Rolle. Was passiert, wenn einer protestiert oder Kritik übt, können Sie sich nicht im Traum vorstellen, Nico."

Liang schnaubte, drehte sich um, steuerte auf den Lift zu und ließ einen ziemlich irritiert guckenden Nico zurück.

Am Montag, zwei Stunden vor Schichtende, sagte Nico laut zu sich, nachdem er noch einmal einen Blick in seinen Terminkalender geworfen hatte: „Dann werde ich mal den Rat von Tobias beherzigen und loslegen. Packen wir's an", und griff zum Telefon.

„Hallo, Herr Kessler. Vor kurzem haben wir darüber gesprochen, einen Umsetzungs-Workshop bei Ihnen in der Vorfertigung anzusetzen, am besten im Zuschnitt. Wir hatten vereinbart, dass vorproduziert wird, damit wir nicht in Schwierigkeiten kommen. Das ist geschehen? Sehr gut! Also, für morgen werden wir ein Event im Zuschnitt machen. Informieren Sie bitte Ihre Leute. Beginn acht Uhr, Dauer bis circa sechzehn, siebzehn Uhr. Das ganze bis Donnerstag. Müsste doch mit dem Teufel zugehen, wenn wir das Kind nicht schaukeln würden." Er gab seiner Stimme einen betont munteren Klang.

„Morgen?" Der Meister am anderen Ende der Leitung schluckte. Ziemlich kurzfristige Entscheidung, dachte er.

„Geht klar, Herr Brunsmann. Bis morgen also. Acht Uhr, habe ich richtig verstanden?", fragte er noch einmal nach.

„Acht Uhr", bestätigte Nico.

„Ach du Scheiße. Was soll das denn? Schichtbeginn ist doch um sechs, wieso dann erst um acht? Und bis vier, fünf? Wie komm ich anschließend nach Hause? Meine Fahrgemeinschaft kann ich dann ja wohl knicken", knurrte einer der Männer, als der Meister seine Leute zusammenrief und den Termin kurz vor Feierabend für den nächsten Tag bekanntgab.

„Tolles Timing! Ging es nicht noch kurzfristiger?", maulte der nächste, „ich muss meine Tochter um drei Uhr vom Kindergarten abholen."

Der Meister zuckte als Antwort nur mit den Schultern.

„Mensch, ich wollte Donnerstag Überstunden abfeiern. Sind auch schon genehmigt. Wir kriegen 'ne neue Küche. Meine Alte dreht mir den Hals um, wenn ich nicht zu Hause bin", polterte ein anderer.

„Der Brunsmann kann mich mal, genehmigt ist genehmigt!"

Am nächsten Morgen, als Nico vor der Mannschaft stand, sahen ihn alle an, als wolle er jedem einzelnen mitteilen, er sei entlassen. Von Begeisterung oder wenigstens einem gewissen Interesse, was dieses Event bringen könnte, war in den Gesichtern nichts zu lesen.

„Guten Morgen, meine Herren", begrüßte Nico munter die Wartenden und rieb sich die Hände.

„Wie sieht's aus? Lust auf ein Umsetzungs-Event?"

Als keine Antwort kam, beschrieb er mit dem Arm einen großen Bogen.

„Zuerst einmal: Hier liegt mir viel zu viel Material rum, und trotzdem höre ich, bei den Arbeitszentren gibt's Leerlauf, weil die kein Material haben. Teile, die erst später benötigt werden, nehmen Platz weg. Das sehe ich doch wohl richtig, oder? Dann geht die Sucherei los, es muss umgeräumt werden. Kein Wunder, wenn kaum ein Kunde seine Lieferung rechtzeitig kriegt. "

Zehn Augenpaare starrten ihn an. Die Männer schienen die Sprache verloren zu haben. Nico zog jetzt ein paar Fotos aus einer Mappe.

„Vorab möchte ich Ihnen noch etwas zeigen."

Er hielt ein großes Foto in die Höhe.

„Ich hab mal im Bild festgehalten, wie es an diesem Arbeitsplatz vor ein paar Tagen aussah."

Die Männer sahen ein ziemliches Durcheinander von Metallstücken, Spänen und Arbeitsaufträgen. Übereinandergestapelte Gitterboxen, Paletten, Hebezeuge und mittendrin die grüne Rolltonne mit den Putzlappen.

„An gleicher Stelle werde ich ein Foto machen, wenn wir die Sache in den Griff bekommen haben. Vorher/Nachher sozusagen."

Noch immer sagte niemand ein Wort.

„Vielleicht sollten Sie den Kollegen jetzt erst mal erklären, worum es hier in den nächsten Tagen geht, Herr Brunsmann", schaltete sich der Meister ein und kaute angestrengt auf seiner Unterlippe. Nico achtete nicht auf den Einwurf und nahm ein weiteres Foto.

„Sehen Sie hier."

Er lehnte die Aufnahme gegen eine Thermoskanne, die auf einem Schreibtisch stand.

„Auf dem Boden liegt ein Auftrag, der mit dem geringsten Luftzug unter eine Maschine rutschen kann und im Nirwana verschwindet."

„Das is ja wohl 'ne Ausnahme. Die Dinger stecken doch in den Mappen", hörte Nico einen sagen und erwiderte: „Ich hoffe stark, dass es eine Ausnahme ist! Wobei, beim Zustand dieser Mappe ..."

Mit spitzen Fingern hob er sie in die Höhe, als halte er etwas Unappetitliches.

„Da kann von Aufhängung wohl keine Rede mehr sein."

„Es geht also um die Optimierung des Zuschnitts", schaltete sich der Meister nun wieder ein.

„Hält der uns hier alle für bescheuert?", zischelte einer hinter vorgehaltener Hand.

In diesem Moment sah Nico den Betriebsratsvorsitzenden Gus Adrian langsam auf die Gruppe zukommen.

Peter Leonhard hatte ihm kurz vorher angehalten und zwischen Tür und Angel erzählt, dass im Zuschnitt wohl eine Schulung abgehalten würde.

Adrian sah in die Runde, dann auf das Foto und die übrigen, die auf dem Tisch lagen und auf die Klarsichtmappe in Nicos Hand.

„Herr Brunsmann, darf ich Sie fragen, was das hier werden soll? Worum handelt es sich bei diesen Fotos? Und sagten Sie nicht gerade was von vorher und nachher? Ich sehe, Sie haben da auch noch eine Liste", er warf einen kurzen Blick über Nicos Schulter.

„Das sind doch Produktivitätszahlen", er angelte danach, „und zwar schichtabhängige. Sie wissen, dass der Betriebsrat in so einem Fall dazu gehört werden muss und solche Aktivitäten generell mitbestimmungspflichtig sind?"

„Wie? Wie bitte?", stotterte Nico und zupfte an seinen Manschetten herum.

„Unterbrechen Sie bitte das Ganze hier. Da muss ich mich erst mal mit meinen Kollegen kurzschließen."

Ganz ruhig, Brunsmann, ganz ruhig, dachte Nico, jetzt keine unbedachte Äußerung von dir geben! und atmete tief ein. An den Betriebsrat hatte er nicht eine Sekunde gedacht. Sollte jetzt daran die Sache scheitern, bevor er überhaupt mit dem Event begonnen hatte? Er straffte die Schultern.

„Herr Adrian, es tut mir leid, ich möchte hier ein Event, einen Workshop, wie Sie es nennen würden, durchführen, um den Zuschnitt zu verbessern. Also, mir liegt vollkommen fern, die Mitbestimmung zu unterlaufen."

„Tja, warum haben Sie nicht vorher mit mir gesprochen?"

„Das lässt sich doch sicherlich ruckzuck alles klären."

Adrian räusperte sich, warf sich dann in die Brust und sah Nico herablassend an.

„Das einzige Zugeständnis, das ich Ihnen machen kann, Herr Brunsmann", er vergrub beide Hände in den Taschen seiner Arbeitshose und wippte auf den Zehenspitzen, „wir berufen eine außerordentliche Sitzung ein und ich informiere Sie", er sah kurz auf seine Uhr, „sagen wir so gegen zwölf vom Ergebnis."

„Gegen zwölf?"

Nico schob das Kinn vor, und seine Augenbrauen schossen in die Höhe. Nach einem Blick auf das Gesicht des Betriebsratsvorsitzenden stöhnte er: „Bleibt mir ja wohl nichts anderes übrig." Verdammter Mist, warum hatte er den Betriebsrat nicht in seine Überlegungen einbezogen?

Die Männer sahen interessiert von ihm zu Adrian, und eine gewisse Häme stand deutlich in einigen Gesichtern. Zwei gingen schon ein paar Schritte vom Ort der Diskussion weg. Einer packte einen Kumpel am Arm und sagte: „Tja, dann machen wir erst mal unsere Arbeit, die getan werden muss, oder? Is ja erst mal nix mit Neuerungen einführen."

Nico dachte, die halten mich doch jetzt alle für unfähig. An Adrian gewandt sagte er: „Es würde mich freuen, wenn es vor zwölf Uhr klappen würde. Bis später also."

Dann drehte er sich abrupt um und ging schnellen Schrittes in sein Büro und bellte Stolzky, der hinter seinem löwenfüßigen Schreibtisch thronte, durch die geöffnete Tür nur ein kurzes „Guten Morgen" zu.

„Nanu, schon zurück?", Karin Faber sah erstaunt von ihrer Schreibarbeit auf.

„Keine Störung in der nächsten Zeit, und wenn Herr Adrian anruft, sofort zu mir durchstellen", knurrte Nico. „Sofort!"

Puh, was ist dem Chef denn für eine Laus über die Leber gelaufen. Er hyperventiliert ja regelrecht, dachte die Sekretärin und sagte nur: „Selbstverständlich, Herr Brunsmann."

Nico saß noch keine zehn Minuten, als Adrian am Telefon war.

„Also, Herr Brunsmann. Ich hab mal alle um 11 Uhr ins Betriebsratsbüro eingeladen. Wenn Sie dann dazu kommen und erklären, worum es bei diesem Event überhaupt geht, können wir vielleicht was entscheiden. Ohne Info muss ich Ihnen gleich die rote Karte zeigen."

Hastig notierte sich Nico jetzt auf seinem iPhone Argumente für den Betriebsrat:

- Verbesserung immer gut!
- Stichwort Arbeitssicherheit (Ergonomie)

- Wer ist schon für Verschwendung?
- Schlauer, nicht härter arbeiten
- Einbeziehung der Mitarbeiter

Um zwölf war der letzte Ton der Pausensirene noch nicht verklungen, als Adrian wieder am Telefon war.

„Zähneknirschend haben die drei Betriebsratsmitglieder vorläufig grünes Licht für das Event gegeben unter der Bedingung, dass keine individuelle Leistungsmessung stattfinden darf und die Teilnehmer anschließend dem Betriebsrat ein Feedback über den Ablauf geben. Herr Brunsmann, wir wollen mal Gnade vor Recht ergehen lassen."

Adrian lachte laut, und Nico konnte sich lebhaft sein gönnerhaftes Gesicht vorstellen.

„Der Betriebsrat hat beschlossen, Sie verkneifen sich die Fotos, und wir geben Ihnen unser Okay für Ihren Workshop. Alles klar?"

„Sehr freundlich, Herr Adrian. Dann kann ich ja nach der Mittagspause neu starten."

Nico ballte dabei die Faust. Unnötig Zeit vergeudet. Erst in einer dreiviertel Stunde wären die Männer wieder an ihrem Arbeitsplatz.

Ehe der Erste wieder zurück im Zuschnitt war, stand Nico schon in der Abteilung. Er schob ein paar Mappen auf einem Arbeitstisch hin und her, pustete den Staub ab, ging dann zur Säge, klopfte gegen das Gehäuse, ging wieder zurück, sah auf die Uhr und hörte die Männer schließlich kommen.

„Meine Herren", fing er ohne Umschweife an. „Auf ein Neues. Wir wollen jetzt keine weitere wertvolle Zeit verlieren. Ich bitte Sie, sich Gedanken zu machen, was es zu verbessern gibt. Behalten Sie im Auge, es muss hier ordentlicher aussehen, und der Zuschnitt soll optimaler werden."

„Sie sprechen vom Ablängen, Herr Brunsmann, wenn ich Sie richtig verstehe?", warf einer ein, und sein lauernder Gesichtsausdruck zeigte, dass er Nico provozieren wollte.

Der fuhr ohne zu antworten fort: „Auf jeden Fall muss eine Verbesserung in Ihrer Abteilung erzielt werden. Verabschieden Sie sich von festgefahrenen Gewohnheiten und vor allem von dem Satz: Das haben wir immer so gemacht. Üble Gewohnheiten setzen sich fest. Sie haben sicherlich schon mal beobachtet, dass es Menschen gibt, die gegen Türen drücken, an denen groß und breit ‚ziehen‘ steht. Als niemand lachte, schob er hinterher: „Die Spanier haben ein Sprichwort. ‚Gewohnheiten sind erst Spinnweben, später Drahtseile.‘ Sie wissen, was ich meine?“

Ein paar nickten.

„Sie kennen doch bestimmt das Märchen vom Froschkönig? Na ja, ist wohl schon ’ne Weile her“, fügte er an und sah von einem zum andern.

„Der mit seinen Sprüchen“, raunte einer seinem Nachbarn zu, „das scheint ansteckend zu sein“, während Nico fortfuhr: „Die Situation änderte sich doch grundlegend, nachdem die Prinzessin den Frosch an die Wand geworfen hatte. Genau, Sie erinnern sich jetzt? Das hässliche Vieh verwandelte sich in einen Prinzen! Danach ist alles anders.“

Nico schaute in die Runde.

„Zum Schluss noch was ganz Wichtiges: Ich möchte klarstellen, niemand will Ihnen irgendwas von oben herab überstülpen. Es wird nichts angeordnet. *Ihre* Vorschläge sind gefragt. Ich appelliere an *Ihre* Fantasie. Jeder noch so kleine Schritt kann uns voranbringen. Vor allem: finden Sie Hindernisse! Sind die aus dem Weg geräumt, können wir uns schon gratulieren.“

Immer noch Schweigen. Keine Reaktion der Männer. Nach ein paar Augenblicken endlich hörte Nico auf einmal einen sagen: „Haste Bock auf Säge schieben, Flummi? Los, komm! Kannste auf jeden Fall die Muckibude sparen.“

Flummi, krummbeinig, klein, in der Kantine dafür bekannt, zweimal Nachschlag zu verlangen, sprang erstaunlich behände zur Seite, bevor ihm sein Nachbar grinsend die Pranke auf die Schulter dreschen konnte.

„Stangenlager dichter an Säge, Weg kürzer!“, hörte man jetzt eine heisere Stimme, und ein Arbeiter mit einem knallroten Schal um den Hals schob sich nach vorne.

„Du hast es erfasst, Sahin. Kaum bei Stimme. Deutsch nix gut, aber doch Grips.“

Kessler reckte anerkennend den Daumen nach oben.

Paul Duppke, mit dem Nico schon ein paar Mal gesprochen hatte, hob jetzt wie ein Schüler die Hand, und Nico sah ihn aufmunternd an. „Was wollen Sie sagen?"

„Also, wat mir stinkt, ist die ewige Umrüsterei. Ick sach mir, Paule, det kann doch nich so schwierich sein, wenn sich ener mal en Kopp macht, da wat zu ändern. Dieter, du hast doch vor ewigen Zeiten ..."

Er wandte sich dem Kollegen zu, der neben ihm stand.

„Nu wink nich ab. Haste da nich so ne Art Buch jeführt, so ne Liste jemacht, so ne Übersicht? Wat für'n Stangendurchmesser wie oft un all son Trara?"

Nico war erleichtert, das Eis schien gebrochen.

Der Meister schlug jetzt vor: „Ich guck mal in meiner Daddelkiste nach, welche Aufträge die nächsten Tage anstehen, bei denen wir gleiche Durchmesser und gleiche Qualität der Stähle beim Ablängen benötigen."

„Na, bravo, Herr Kessler. Das bedeutet weniger Verschnitt und damit Kostensenkung", rief Nico.

„Der erste Schritt ist jetzt, das umzusetzen, was Sie als Verbesserung erkannt haben, und zwar jetzt und sofort! Sie wissen, was ich meine, und kommen, denke ich, allein zurecht. Ich kann zurück zu meinen Aufgaben."

„Tja, wenn Sie es so sehen, Herr Brunsmann."

Der Meister runzelte die Stirn, weil er gedacht hatte, Nico würde während des gesamten Events anwesend sein und sofort alle auftretenden Fragen beantworten und mit Rat und Tat seine Männer begleiten.

Im Aufzug traf Nico auf Liang.

„Hallo, Akuma."

„Hi, Nico, alles easy?"

„Ich komme gerade aus dem Zuschnitt. Habe da bis Donnerstag ein Event angesetzt zur Optimierung."

„Bis Donnerstag? Aber heute ist Dienstag! Wieso drei Tage lang?"

Über Liangs Nasenwurzel stand eine steile Falte.

„Die Männer müssen sich ja schließlich Gedanken machen."
Liang machte eine abwertende Handbewegung.

„Und dafür brauchen sie drei Tage? Können die nicht schneller denken? Was heißt überhaupt Gedanken machen? Vorgaben sind auszuführen. Du ordnest an und das ist es."

„Unser Ansatz ist ja, den Leuten Freiräume zu geben, die sie kreativ werden lassen. Du wirst sehen, nach dem Event sprechen die Zahlen für sich, weil es weniger Verschnitt gibt, also weniger Kosten."

„Wie viel weniger? Ich will Fakten, Produktivitätssteigerung, mindestens zehn Prozent mehr Ertrag, kapierst du? Haben wir nicht gerade einen Auftrag verloren von der BiogaNo? Kreativer werden!"

Liang spie den Satz förmlich aus. „Sind wir hier im Malkurs? Pass auf, dass dir die Belegschaft nicht auf dem Kopf herumtanzt."

„Warte auf meinen Abschlussbericht. Du wirst hoch zufrieden sein."

Und im Stillen fügte Nico an: Dieses Mal bin ich der Sieger. Ich werde es dir beweisen. Ich werde es allen beweisen. Dir, du asiatischer Teufel, ebenso wie Achim Mendel. Der steht ja zum Glück auf meiner Seite. Aber auch Peter Leonhard wird über kurz oder lang seinen Widerstand aufgeben. Und wie ich schon Tobias prophezeit habe: Ein zweites Mal fällt Nico Brunsmann nicht auf die Schnauze!

6

Frau Berger lief an diesem Morgen im Konferenzraum eilig hin und her und verteilte Gläser, Tassen, Wasserflaschen und Kannen mit Kaffee auf dem Konferenztisch. Neben Zucker und Milch stellte sie ein paar Schalen mit Keksen. Dann goss sie den großen weißlaubigen Ficus benjaminus noch einmal, der auf ihre Anregung hin platziert worden war und dem Raum etwas von seiner vorherigen Kargheit nahm. Die Einladung an alle Beteiligten war rechtzeitig von Karin Faber auf den Weg gebracht worden. Nico hatte Vertreter der verschiedenen Abteilungen zu einer Besprechung gebeten, um die aktuelle Lage zu diskutieren. Ergebnis sollte ein Maßnahmenplan sein.

Hier und da rückte Frau Berger die neuen, weitaus bequemeren Stühle mit Armlehnen zurecht, die auch auf ihr Vorschlagskonto gingen. Die weinrote Polsterung brachte Farbe ins Spiel und stach vom grauen Fußboden und den weißen Wänden wohltuend ab.

„Eine Sitzung auf einem bequemen Stuhl bringt meiner Meinung nach ein besseres Ergebnis zustande", hatte sie Nico Brunsmann überzeugt. „Und die Holzstühle stammen ja wohl noch aus der Gründerzeit von Siebert & Stolzky."

Peter Leonhards Miene verhieß nichts Gutes, als er kurz vor halb elf den Raum betrat. Sein Gesicht war genauso zerknittert wie die graue Hose, die er tagein, tagaus trug. Achim Mendel ahnte, diese herunterhängenden Mundwinkel bedeuteten, es würde wieder ein unerquickliches Hin und Her geben. Bisher war immer Huber vom Einkauf derjenige gewesen, der gegen alles und jeden opponierte, an seinen Standpunkten festhielt und so manche Entscheidung erschwerte. Mendel hatte ihm erst kürzlich an den Kopf geworfen, er sei starrsinnig wie ein bayerischer Brauereigaul.

„Ja freili. Des is a Kompliment für mi als Münchner", hatte Huber grinsend gekontert. „So an Gaul kannst a net überredn zu a Pirouettn."

Nun bissen sie sich an Leonhard genauso die Zähne aus.

Liang stand noch mit Nico im Gespräch am Fenster, setzte sich dann ans Kopfende und Nico begrüßte die Teilnehmer.

„Wir wollen heute verschiedene Handlungsansätze koordinieren und auf ihre Machbarkeit hin überprüfen sowie die Entwicklung für das kommende Jahr vorausplanen, dazu wird Herr Herold uns später Bericht erstatten."

Peter Leonhard polterte dazwischen: „Wenn ich nicht bald mehr Leute zur Verfügung habe, garantiere ich für nichts in der Konstruktion. Kaum ein Auftrag kommt rein, bei dem nicht bis zur letzten Minute, ach, was sag ich, bis zur letzten Sekunde etwas geändert werden muss. In meiner Abteilung ist Land unter. Dazu kommt noch, dass Herr Voss abgezogen werden soll für Workshops und diese unsinnigen Umsetzungs-Events."

Ein giftiger Blick traf Nico Brunsmann.

„Diese ganzen Schulungen! Ob das wirklich so viel bringt?", stieß Herbert Kessler in das gleiche Horn. „Wir in der Vorfertigung drehen oft genug Däumchen und manchmal denke ich, alles geht den Bach runter."

„Ich versteh ja die Bedenken", beschwichtigte Nico. „Nicht in jeder Abteilung sind schon positive Effekte spürbar. Können wir uns darauf verständigen, dass wir die vereinbarte Road-Map bis Schritt III jetzt erst einmal durchziehen?"

„Bei uns in der Fertigung sind alle begeistert, jawoll", bekräftigte Nils Simon.

„Und wie steht's in der Vor- und Endmontage?", fragte Nico. „Herr Becker, Herr Luther, neulich habe ich ja wahre Lobeshymnen von Ihnen gehört." Becker antwortete: „Seit wir diese 5S-Workshops machen, fluppt es immer besser."

„Was heißt denn eigentlich 5S?", hatte Stolzky Nico erst vor ein paar Tagen gefragt. „Dieser Begriff schwirrt ja neuerdings im Betrieb herum."

„Es ist zum einen eine Methode, den Arbeitsplatz sauber und ordentlich zu halten. Im Grunde genommen aber noch viel mehr, quasi eine Geisteshaltung, hinter diesen Maßnahmen zu stehen.

Man teilt in fünf Begriffe ein: Strukturieren und aussortieren, Ordnung schaffen, reinigen und säubern, bestimmte Standards einrichten und Selbstdisziplin, die Veränderung beziehungsweise Verbesserung auch beizubehalten."

„Und wieso S?"

„Das sind die japanischen Begriffe, die alle mit S anfangen."

Nico griff sich einen Aktenordner, schlug ihn auf und reichte ihn Stolzky. „Hier sehen Sie:

S1	seiri	= sortieren
S2	seiton	= sinnvoll aussortieren
S3	seiso	= säubern
S4	seiketsu	= standardisieren
S5	shitsuke	= stets anwenden und verbessern.

Ein Griff und ich hatte den richtigen Ordner", Nico grinste, „habe selbst auch schon mal angefangen, die 5S-Prinzipien zu verinnerlichen."

„Was bedeutet *fluppt*?", schaltete sich jetzt Liang ein. „Was heißt das?"

Unter allgemeinem Gelächter erklärte Becker, es laufe jetzt besser. Seine Mitarbeiter verschwendeten viel weniger Zeit für die Suche nach Informationen und Material.

„Sie können sich auf ihre Arbeit konzentrieren, und es gibt endlich einen Überblick über alle verfügbaren Werkzeuge und deren Aufbewahrungsort. Ordnung und Sauberkeit haben deutlich zugenommen. Es zeigt sich, die direkte Umsetzung der vorgeschlagenen Verbesserungen haben sofort Erfolge gebracht. Was noch ein großer Pluspunkt ist", er räusperte sich kurz, „um die gelegentlichen Spitzen abzufangen, brauchen wir ja immer mal Personal im Rahmen der Mitarbeiterüberlassung, also die Leiharbeiter. Die finden sich jetzt viel schneller zurecht und sind dadurch eher eine tatsächliche Hilfe."

„Ja, und seitdem die Montage-Aufträge übersichtlich nach Startzeitpunkt sortiert direkt an den Arbeitsplätzen hängen, ist den Kollegen auch immer klar, was Sache ist", fügte Luther an. „Ich meine, sie wissen eher" – und zu Liang gewandt: „Also, sie erkennen genau, ob sie ihre geplanten Arbeitsinhalte während der Schicht abgearbeitet bekommen, oder ob sie im Rückstand sind."

„Sie wollen sagen", half Nico aus, „durch die Visualisierung des Auftragsdurchlaufs haben wir Frühindikatoren aufgesetzt, die ein rechtzeitiges Gegensteuern bei Schwierigkeiten ermöglichen!"

Er grinste dabei, weil er wusste, es derart hochtrabend zu formulieren, wäre den Männern nicht im Traum eingefallen.

„Genau! Wie heißt es doch so richtig: Das System ist schuld, nicht der Mitarbeiter", nickte Luther erleichtert und lächelte in die Runde.

„Oft ist aber nicht genug Material da", meldete sich jetzt Rachwicz von der Arbeitsvorbereitung zu Wort.

„Das ist ja komisch, wieso haben wir im Versand dann so viel zu packen? Es wäre übrigens immens hilfreich, uns mal eine weitere Folien-Wickelmaschine zu genehmigen. Und ein paar mehr Stahlregale zur Zwischenlagerung können ja auch nicht die Welt kosten", fuhr Herold, der Versandleiter dazwischen.

Nico hob die Hand.

„Nun mal nicht alle durcheinander. Ich höre aus den Erläuterungen der Montage und Endmontage, es hat einen großen Fortschritt gegeben. Daraus schließe ich:

1. Weniger Rückfragen bringen Zeitersparnis, weil weniger gesucht werden muss.
2. Sauberkeit und Ordnung sind verbessert, außerdem die Arbeitssicherheit.
3. Die Anlernphase neuer Mitarbeiter ist kürzer, da viele Dinge jetzt selbsterklärend sind."

„Für die Motor-Aufhängung an der X20 hat sich jetzt ‚n' mal die Spezifikation geändert", war nun wieder Peter Leonhards nörgelnde Stimme zu hören.

Achim Mendel schüttelte den Kopf, warf Nico einen Blick zu und verdrehte die Augen.

„Änderungen von außen werden wir kaum reduzieren können", mischte sich jetzt Gunnar Voss ein.

„Ja", nahm Nico den Ball auf, „das Ziel ist es, unsere interne Flexibilität so weit zu erhöhen, dass Änderungen uns nicht mehr so hart treffen wie in der Vergangenheit. Auch in diesem Punkt muss ich Sie noch um Geduld bitten."

Nun forderte Mendel Nico auf: „Herr Brunsmann, ich würde Sie bitten, jetzt einmal Herrn Herold dazu zu hören. Er könnte über den Auftrag für die Firma OXAL berichten."

Kurze Zeit später lauschten alle den begeisterten Ausführungen von Gerd Herold. Der strahlte über das ganze Gesicht, als er sagte: „Dieser Auftrag ist wie Weihnachten und Ostern zusammen. So, als ob dir einer gerade mitteilt, du hast den Jackpot im Lotto gewonnen. Das bedeutet, wir werden über Monate so viel zu tun haben, dass wir unser Volumen verdoppeln können. Leute, das heißt, sichere Arbeitsplätze!"

Er sah in die Runde, und als Liang ihn aufforderte: „Erklären Sie", fuhr er eifrig fort: „OXAL ist ein Hersteller von Industrie-Waschmaschinen. Wir sollen für die Firma die 5,5 bar 200 Liter Reinigungspumpen mit 4 kW und die 5,5 bar 80 Liter Spülpumpen mit 2,2 kW liefern. Durch einen Großauftrag aus China für Maschinen zur Entfettung von Drehteilen benötigt OXAL nun ein Vielfaches der bisherigen Pumpen – und wir haben den Auftrag!"

„Ja, wirklich gute Nachrichten", schaltete sich Mendel ein und an Nico gewandt: „Können wir den Auftrag kapazitiv überhaupt erfüllen? Wie sind die Mengengerüste? Gibt es saisonale Abrufschwankungen. Also kurz gesagt, wer kümmert sich um ZDF?"

„ZDF?" fragte Frau Berger, die gerade hereinkam und frischen Kaffee brachte. „Sind die vom Fernsehen da?"

„Nein", Nico lachte, „ZDF bedeutet Zahlen, Daten, Fakten."

„Wenn dieser Großauftrag ohne Schwierigkeiten abgewickelt werden soll…", Nico sah nun jeden einzelnen im Raum an. Etwas länger blieb sein Blick an Peter Leonhard hängen, „…und ich gehe davon aus, dass daran alle interessiert sind, dann muss der Wertstrom unserer Kleinpumpen systematisch beleuchtet werden. Wir brauchen Daten und Fakten, welchen Einfluss der Auftrag auf unsere Kapazitäten hat. Die Arbeitsvorbereitung eruiert bitte umgehend, wie wir den Großauftrag und unsere anderen Aufträge parallel hinbekommen. Bei einem derartigen Auftrag muss unbedingt vermieden werden, Pönale zu zahlen. Von dir, Peter, hätte ich gerne möglichst schnell eine Auflistung der Baugruppen und Komponenten für die neue Pumpe, damit wir prüfen können, ob alle Zukaufteile vom Einkauf termingerecht disponiert werden können", wandte sich Nico abschließend an Peter Leonhard.

„Schön, dass du mir auch noch eine klitzekleine Aufgabe zuschiebst, ich drehe ja sowieso nur Däumchen und weiß vor Langeweile nicht, was ich tun soll", schnaubte der.

„Mir geht es einzig darum, beschlossene Maßnahmen umgehend umzusetzen. Du hast gehört, wie wichtig der Auftrag für uns ist. Nimm dir Gunnar Voss dazu, wenn du es nicht schaffst." Nico sah den Konstruktionsleiter aufmunternd an.

„Danke gnädigst für deine Vorschläge. Kann meinen Kram selber stemmen", hörte Nico nur noch. Dann schob Peter Leonhard lauter als nötig seinen Stuhl zurück und ging zur Tür.

7

Für einen Montag war der Vormittag äußerst ruhig und Nico schaffte ein größeres Arbeitspensum bis zur Mittagspause. Mendel saß nicht an seinem Schreibtisch, als Nico ihn fragen wollte, ob er mit zum Essen in die Kantine käme. Also ging er allein und auch auf dem Rückweg war das Büro Mendels noch immer verwaist.

Als Nico das erste Mal wieder auf die Uhr sah, war es zwanzig vor zwei. Höchste Zeit für eine Stehung vor Schichtende in der Schweißerei in Halle 4, dachte er und zog wie immer sein Jackett über, richtete nach einem Blick in den Spiegel seine Krawatte und fuhr sich kurz mit dem Kamm übers Haar. Im Hinausgehen steckte er sich drei T-Cards ein. Darauf stand:

>Einer Stehung beiwohnen<.
>Einhaltung der Kanbanregeln in einem Bereich prüfen<
>Reinigungsplan in einem Bereich prüfen<

Die Kärtchen entnahm er den Schlitzen an der Tafel, die außen an seiner Bürotür hing. Seit vier Wochen versuchte er nun, wie er mit Gunnar Voss besprochen hatte, seine Routinetätigkeiten zu visualisieren. Er hatte dazu alle routinemäßig anfallenden Aufgaben der Kontrolle und Überprüfung auf ein Blatt Papier geschrieben, dann nach Häufigkeit sortiert, und so sah das Ergebnis aus:

Täglich:
An einer Stehung teilnehmen
Produktionskennzahlen überprüfen
Einhaltung des Reinigungsplans in einem Bereich überprüfen
Einhaltung der Kanbanregeln in einem Bereich überprüfen

Sichtprüfung Laufwege frei?
Sichtprüfung Sperrflächen frei?
Teilnahme an Produktionsbesprechung

Wöchentlich:
Geschäftsführerbesprechung
5S-Audit einfordern

Monatlich:
Steuerkreissitzung
Interne ISO-Audit
Konstruktionsbürobesprechung

„Was ist das für eine komische Tafel an Ihrer Tür?" fragte Stolzky ihn.

„Ich habe alle Tätigkeiten auf kleine Kärtchen übertragen und sie ausgedruckt. Für jede meiner Routineaufgaben einen Stellvertreter benannt, für den Fall, dass ich einmal verhindert sein sollte.

Sehen Sie hier", damit drückte Nico Stolzky eine Karte in die Hand. „Auf der Vorderseite prangt ein roter Balken, auf der Rückseite sind sie grün. Ich verteile sie in die von mir beschriftete Tafel auf der Außenseite meiner Bürotür. So finde ich eine Liste der aktuell zu bearbeitenden Routinearbeiten vor. Wenn ich morgens ins Büro komme, stecke ich mir einige Karten in die Jackentasche und lasse sie vom Mitarbeiter des jeweiligen Bereichs, den ich besuche, abzeichnen. Abends, wenn drei oder vier meiner Aufgaben erledigt sind, schiebe ich die mit der grünen Seite nach vorne zurück in die Taschen. Dadurch sehe ich die Woche über, wie viele meiner routinemäßigen Aufgaben und Tätigkeiten ich erledigt habe."

„Na, ja. Und was bringt das?"

Stolzky wirkte kein bisschen überzeugt.

„Das meiste in unserem Geschäft ist doch nicht planbar, Herr Stolzky. Da gelingt uns überraschenderweise, vor einem Mitbewerber den Auftrag zu ergattern, obwohl vorher alles dagegen sprach. Oder der Betriebsrat stimmt plötzlich doch zu, ein paar Sonderschichten zu fahren, und wir haben die Chance, einen dicken Fisch an Land zu ziehen. Dennoch gibt es den Routinekram, der einfach immer erledigt werden muss."

Solzky nickte leicht zögernd.

„Die Karten helfen mir dabei zu sehen, wo sich Zeitfenster in meinem Terminkalender reservieren lassen, um sicherzustellen, dass am Freitagnachmittag auch wirklich die gesamte Wand nur grüne Kärtchen zeigt. Bevor ich ins Wochenende gehe, ist meine letzte Amtshandlung, alle Kärtchen wieder umzudrehen und mich stolz wie Oskar über die Erledigung meiner Routineaufgaben zu freuen."

Peter Leonhard war gerade des Weges gekommen, als er die zwei Haken für die Aufhängung der Tafel in die Bürotür bohrte.

„Willst du ein Bild aufhängen oder ein Schild ‚Bitte nicht stören'?", hatte er gelästert.

Als Nico ihm den Sinn erklärte, was er vorhatte, zuckte er mit den Schultern und meinte nur: „Ja, wenn man sonst nichts zu tun hat. Man braucht doch nicht solch einen Aufwand zu betreiben."

Zurück an seinem Schreibtisch, blätterte Leonhard heftig in seinem Terminkalender. Dem Brunsmann würde er schon die Suppe versalzen und ihn aus dem Konzept bringen. Mit diesem Kinderkram wollte der wohl Eindruck schinden. Er zog verächtlich die Mundwinkel nach unten. Statt wie ursprünglich geplant dienstags, setzte er an zwei Donnerstagen hintereinander eine Sitzung im Konstruktionsbüro an, an der auch Nico teilnehmen müsste. Auf dessen komischer Kartenwand wäre dann mehr Rot als Grün zu sehen. Vielleicht erlebte er ja auch noch ein blaues Wunder, weil die Geschäftsleitung seine Methoden demnächst stärker hinterfragen könnte. Er könnte mit Mendel mal darüber reden.

Wenn Nico merkte, ihm fehlte die Zeit, bat er allerdings ab und zu Mendel oder Frau Berger, eine der Aufgaben zu übernehmen und ihm zu berichten.

Ihm gefiel das System nach kurzer Zeit sehr gut, da er durch die Kärtchen in seiner Jackettasche ständig an die kleinen, aber wichtigen Routineaufgaben erinnert wurde. Schon bald überlegte er, seine Wand noch einmal umzubauen und die Tätigkeiten einzelnen Wochentagen zuzuordnen. Doch das musste warten.

„Hallo, Herr Brunsmann, wir wollen doch bitte alle – auch Sie – den Fußweg und nicht den Fahrweg benutzen!", rief ihm in Halle 4 der Sicherheitsbeauftragte zu, der mit einem Schweißer im Gespräch stand.

„Sie haben völlig recht, sorry. Soll nicht wieder vorkommen."
Nico hob wie zum Schwur drei Finger in die Höhe. Es wurmte ihn, dass er zu Recht einen Rüffel vom Sicherheitsbeauftragten einstecken musste, wo er sich doch geschworen hatte, allen ein Vorbild zu sein. Welcher Werker sollte sich jetzt an die Vorschriften halten, wenn er sah, dass selbst der Geschäftsführer die Abkürzung nahm.

Gerade rechtzeitig zehn Minuten vor Schichtende traf er auf die Versammelten, die sich in der Raucherecke noch angeregt unterhielten. Hier hing die Kaizen-Wand, das wichtigste Utensil einer Stehung. Es war eine der ersten Maßnahmen, die Nico eingeführt hatte. Eine von mehr als vierzig Wänden im Betrieb. Jeder Mitarbeiter nahm täglich zur vereinbarten Zeit an einer dieser Stehungen teil. Auf unterschiedlich farbigen Feldern standen Begriffe.

Grau: Ideen, Probleme, Vorschläge
Hellblau: Maßnahmen
Grün: In Bearbeitung
Gelb: Unterstützung durch Gruppe
Rot: Unterstützung durch Management
Schwarz: Ergebniskontrolle und Kennzahlen

Manfred Koslowski, den die Kollegen derzeit zum Moderator gewählt hatten, begrüßte Nico mit den Worten: „Ah, Herr Brunsmann. Schön, dass Sie heute bei uns in der Schweißerei vorbeischauen. Ich sehe, unser Sicherheitsbeauftragter spurtet gerade auch noch um die Ecke. Bitte in Zukunft pünktlicher. Du kennst die Zeiten für die Stehung!"
„Tschuldigung, bin gerade noch aufgehalten worden."
Koslowski nickte. „Fangen wir an."
Er stellte sich links neben die Wand, drückte den Knopf einer kleinen Stoppuhr, um die Zeit während der Stehung einzuhalten. Diese zehn Minuten galten für jede Stehung und wurden nicht überschritten, das wussten die Mitarbeiter. Es bewirkte, dass die vorgegebene Zeit nicht verplempert, sondern konstruktive Gespräche geführt wurden. Schließlich wollten alle rechtzeitig in die Pause oder in den Feierabend.

Die Karten an der Magnetwand hingen ordentlich in Reih und Glied bis auf zwei, die auf fünfundvierzig Grad gedreht waren. Auf diese beiden wies der Moderator nun.

„Wir haben heute zwei Themen hervorgehoben durch die Drehung der Karten. Hier steht der Name Conny Dierks drauf. Ich sehe, es geht um das Abluft-Konzept an Schweißplatz 13. Da kommt es immer wieder zu Rauchentwicklung, und die Abgase werden nicht vernünftig abgesaugt.

Als nächstes: Fred Müller. Er moniert, sein Arbeitsplatz sei zu dunkel, weil er weiter hinten liegt."

Müller drückte seine Zigarette aus und knurrte: „Zu dunkel ist glatt untertrieben. Viel zu dunkel! Wenn ich die Schweißbrille aufsetze, kann ich keinen Auftrag entziffern. Da brauche ich glatt 'nen Blindenhund."

Alle lachten.

„Da gibt's gar nix zu lachen."

„Liebe Güte, 'ne Lampe ist doch wohl schnell angebracht. Was soll ich denn sagen. Weil die Absaugung bei mir nicht richtig funktioniert, sehe ich manchmal vor Rauch die Hand vor Augen nicht. Das geht mir voll auf den Keks. Das ganze Zeug, was ich außerdem einatme, ist ja wohl auch nicht gerade förderlich für die Gesundheit. Das muss jetzt zuallererst mal besprochen werden."

„Conny, beruhige dich. Deine Beschwerde wird bereits bearbeitet. Einer vom Wartungsdienst hat sich schon mit dem Hersteller der Absauganlage in Verbindung gesetzt, und morgen kommt ein Techniker zur Überprüfung."

„Es geschehen noch Zeichen und Wunder!", posaunte Conny in die Runde.

„Hier scheint es nach Schönheit statt nach Dringlichkeit zu gehen", fauchte Müller nun. „Mit mir kann man es ja machen. Bin selber schuld, wenn ich nicht richtig sehen kann, oder?"

„Bitte, Fred! Du weißt, eine der Regeln bei der Stehung lautet: Keine Schuldzuweisung", schaltete sich jetzt der Moderator wieder ein. „Wer kümmert sich um das Problem?"

Der Sicherheitsbeauftragte hob die Hand. „Ich treffe morgen sowieso einen der Elektriker, dann kann ich das übernehmen."

„Schön. Ich schreibe deinen Namen auf die Karte und hänge sie in den grünen Bereich. Bis wann meinst du, kann die Sache aus der Welt geschafft sein?"

„Wenn ich morgen mit dem Elektriker spreche, müsste das ja bis Mittwoch, spätestens Donnerstag geregelt werden."

„Fred, du siehst, alles wird gut", grinste der Moderator. Er sah kurz auf die Uhr und nahm eine neue Karte aus dem Bereich Grau, weil noch Zeit war, ein weiteres Thema zu besprechen.

Er las vor: „Die Schweißplätze zwei und drei befinden sich direkt am Gang, und Thorsten, als Sicherheitsbeauftragtem, ist aufgefallen, dass nicht jeder wissen kann, wie gefährlich es ist, ungeschützt in eine Schweißflamme zu gucken. Man kann sich die Augen verblitzen."

Nico Brunsmann hatte bis jetzt zugehört und fragte nun: „Was wären denn geeignete Lösungen?"

„Das ist doch wohl nix Wichtiges", hörte er jemanden sagen.

„Da bin ich anderer Meinung", schaltete sich wieder der Sicherheitsbeauftragte ein.

„Erläutern Sie bitte Ihren Standpunkt", forderte Nico ihn auf.

„Die Schweißplätze 2 und 3 sind ja wirklich unmittelbar am Gang. Wenn einer der Kollegen aus einer anderen Halle zum Beispiel da vorbeigehen muss, weiß der womöglich nicht, wie Manfred schon angedeutet hat, dass er sich die Augen verblitzen kann. Wie verdammt unangenehm das ist, hat der eine oder andere von uns schon mal erlebt. Als noch problematischer sehe ich es an, wenn Besuchergruppen durch den Betrieb geführt werden. Die kennen sich mit der Gefahr gar nicht aus, wenn sie ungeschützt in die Flamme gucken."

„Wir wollen natürlich nicht, dass jemand Schaden nimmt. Außerdem ist das auch ein versicherungstechnisches Problem", schaltete sich Nico wieder ein.

Der Moderator fragte: „Wer will sich um dieses Thema kümmern?"

Niemand meldete sich. Er hörte einen Kollegen sagen: „ Sollen wir hier jetzt auch noch Möbelpacker spielen oder Schutzengel?"

Ein anderer sagte: „Dann müssen alle eben andersrum gehen."

„Sehen Sie, Herr Brunsmann, so ist das manchmal", seufzte der Moderator. „Manche glauben, sie müssten neben ihrer Arbeit mit anpacken, um das Problem zu lösen, dabei bringen uns schon Vorschläge zur Verbesserung weiter. Von wem die dann ausgeführt werden, ist ja eine andere Sache. Mein Anliegen ist es doch, Verbesserungen auf den Weg zu bringen."

Nun meldete sich Conny wieder zu Wort: „Könnte man denn nicht eine Trennwand ziehen oder Blendschutzvorhänge aufhängen?"

Der Moderator schrieb die beiden Lösungsvorschläge in das entsprechende Feld auf der Karte und fragte nun: „Wer soll sich des Themas annehmen? – Wenn ich ‚Jetzt'' sage, deutet bitte auf einen der Kollegen, den ihr für geeignet haltet. Jetzt."

Einige Finger zeigten auf ihn, ein paar auf Nico Brunsmann.

In dem Augenblick klingelte die Stoppuhr, was bedeutete, die letzte Minute der Stehung war angebrochen.

Nico verkündete: „Manche plädieren für Manfred Koslowski, andere für mich. Wir sollten uns beide um das Problem kümmern. Dann schreiben Sie mal Ihren Namen auf die Karte, Herr Koslowski."

„Aber ich bin doch schon Moderator."

„Dann hängen wir die Karte noch einmal zurück an die Wand und besprechen."

„Die Zeit ist um, bringen Sie Ihren Satz noch zu Ende."

„... besprechen also die Zuständigkeit bei der nächsten Stehung."

„Vielen Dank, Kollegen, das war es für heute", verabschiedete Manfred Koslowski sich.

„Danke."

Die Männer trotteten zum Pausenraum.

Nico warf noch einmal einen Blick auf die Wand, griff eine Karte heraus und sagte zum Moderator: „Hier lese ich: ‚Es werden neue Hubwagen gebraucht'. Erklären Sie Ihren Leuten bitte noch einmal, nächstes Mal auf der Karte anders zu formulieren. In diesem Fall wird schon die Lösung genannt, anstatt zunächst mal das Problem klarzumachen. Das Problem könnte beispielsweise sein, die Transportzeiten sind zu lang, oder die körperliche Belastung beim Transport mit der Ameise ist zu hoch. Oder auch: Die Gabeln müssen wegen unterschiedlicher Palettengrößen oft umgesetzt werden. Das sind nur Beispiele, die mir gerade so einfallen. Es kann ganz andere Gründe haben, warum der Schreiber neue Hubwagen fordert. Und was vor allem zu klären ist: können wir das Problem auch anders lösen, also hier beispielsweise, können wir vielleicht manche Transporte ganz abschaffen? Und bringt eine Änderung nach Meinung aller eine Verbesserung, muss sofort gehandelt werden und jemand mit der Umsetzung anfangen? Alles klar?"

Koslowski nickte.

„Was die Blendschutzvorhänge an den Schweißplätzen betrifft, Herr Koslowski, holen Sie bitte einen Kostenvoranschlag bei verschiedenen Firmen ein, damit wir dieses Problem schnellstens aus der Welt schaffen. Der Sicherheitsbeauftragte kann Ihnen Adressen nennen. Sollte ein besserer Vorschlag auftauchen, bin ich ganz Ohr. Es gibt doch dieses alte Sprichwort: Gefahr erkannt Gefahr gebannt. Eine wunderbare Umschreibung dafür, die Dinge sofort anzupacken und umzusetzen. Dann bis zum nächsten Mal."

8

Schon ein wenig merkwürdig, jetzt als Vater wieder die Treppen der Schule hochzusteigen, in die man so viele Jahre als Kind gegangen ist, dachte Gunnar Voss. Er erinnerte sich des Gefühls der Beklemmung. Irgendwelche Probleme hatten ihm immer zu schaffen gemacht. Mal das Heft mit dem Deutschaufsatz, das zu Hause auf dem Küchentisch liegen geblieben war, die Gewissheit, nicht eine einzige Vokabel gelernt zu haben und die Sorge, ausgerechnet an dem Tag vom Lateinlehrer abgefragt zu werden, der vergessene Beutel mit den Sportschuhen, das mulmige Gefühl vor der Mathearbeit oder bloß die Müdigkeit am frühen Morgen, weil sich das Zubettgehen mal wieder ziemlich weit nach hinten verschoben hatte.

Nun also stand das alles seinem Sohn Jannis bevor. Er hatte sich geschworen, dein Kind wird mit seinen Ängsten und Sorgen nicht allein gelassen. Man könnte ihm als Vater vorwerfen, du hast dein Kind ja schon allein gelassen. Ein Scheidungskind. Nach vielen Gesprächen unter vernünftigen Menschen, in friedlichem Einvernehmen, waren er und seine Frau übereingekommen, sich zu trennen, trotz des gemeinsamen Kindes. Sie verständigten sich: Kein Streit ums Geld, kein Streit ums Kind. Jedes zweite Wochenende verbrachte Jannis bei ihm. Auch darüber hinaus kümmerte er sich, wo er nur konnte.

Das Klinkergebäude mit dem Bruchsteinsockel und den langen Fensterreihen ist mir als Schüler viel imposanter erschienen, fiel ihm an diesem Abend auf. Durch das geöffnete Portal trat er in das mächtige Treppenhaus. Ein mit der Hand geschriebener Anschlag wies auf Raum 12 E hin, in dem der heutige Elternabend stattfand. Es roch wie früher nach einer Mischung aus Putzmitteln und Kreidestaub. Als er am Ende des langen Flurs an einer sperrangelweit offenstehenden Toilettentür vorbeikam, stieg ihm der Gestank von Beckensteinen in die Nase. Noch immer bevorzugten Hausmeister oder die Putzkolonne also diese Art der Hygiene.

„Der Übergang ins Gymnasium ist ein besonderer Abschnitt im Leben eines Kindes", hatte der Rektor die neuen Schüler mit ihren Eltern vor einem halben Jahr am ersten Schultag willkommen geheißen. „Gymnasium, dem Wortlaut nach ein Ort der körperlichen und geistigen Ertüchtigung. Wir wollen im Geiste dieses Ursprungs unseren Schülerinnen und Schülern den Weg bereiten."

Gunnar hatte sich ein Lachen verkneifen müssen, als der Vater, der neben ihm saß, zischelte: „Ja, ja, von gymnós, nackt. Mir haben sie zu meiner Zeit regelmäßig das Fell über die Ohren gezogen."

Die erste Aufregung hatte sich bei Jannis inzwischen gelegt. Der neue Schulweg war Alltag geworden. Die Mädchen in der Klasse blöd und der Sportlehrer cool.

„Elternabend, was willste da?", hatte Jannis genörgelt, „was über mich rauskriegen?"

„Quatsch, schließlich bin ich Elternsprecher. Also ist es meine Pflicht, dabei zu sein. Wenn man etwas bewirken will, muss man sich einbringen. Solltest du dir vielleicht mal merken, mein Sohn."

Gunnar war bei der ersten Zusammenkunft der Eltern einstimmig gewählt worden. Begeistert hatten die übrigen Anwesenden den Arm gehoben, als es zur Abstimmung kam. Gott sei Dank, einer meldete sich freiwillig für das lästige Amt!

Mit Kopfnicken wurde er heute von einigen Müttern begrüßt, als er in die Klasse kam. Eine attraktive Frau, die deutlich jünger war als die anderen, kam auf ihn zu, schüttelte ihm die Hand und stellte sich mit einem amerikanischen Akzent in der Stimme vor: „Wir kennen uns noch nicht. Pamela Moore-Liang, my son is David."

„Ich freue mich. Unsere beiden Jungen sitzen nebeneinander", und als sie ihn fragend anschaute, fügte Gunnar an: „Your David and my Jannis are friends."

Sein Sohn hatte ein bisschen damit geprahlt, dass die Lehrerin sich nach einigem Nachdenken dafür entschieden hatte, ihn neben den Amerikaner zu setzen.

„Dann kann ich in Englisch von ihm abschreiben", frohlockte er.

Das also ist Pamela Moore, die Ehefrau von meinem Big Boss bei Siebert & Stolzky, dachte Gunnar. So ein Zufall, dass unsere beiden Söhne nun in eine Klasse gehen.

Von großem Zuspruch für den Elternabend konnte keine Rede

sein, obwohl neben den schulischen Fragen über einen Ausflug der Klasse gesprochen werden sollte. Die Stühle waren nur spärlich besetzt. Väter glänzten durch Abwesenheit. Zwei männliche Vertreter zählte Gunnar. Den einen kannte er vom Sehen. Er war sich nicht sicher, woher. Er wanderte in seiner Freizeit gern und verband dieses Hobby mit der Makrofotografie. Sein Spezialgebiet waren Moose und Flechten. Dieses nah an ein Objekt Herantreten und der Blick für Details, den andere Menschen oft gar nicht wahrnahmen, faszinierten ihn. Seit geraumer Zeit betrieb er zusätzlich Aikido. Ihm gefiel bei dieser Kampfsportart, dass es nicht darum ging, einen Gegner offensiv anzugreifen, sondern um Abwehr- und Sicherungstechniken. Das Ziel war außerdem, eine verantwortungsbetonte geistige Haltung zu erlernen. Das versuchte er auch im Berufsleben zu praktizieren.

Mit gerunzelter Stirn überlegte er, war ihm der Vater bei einer Ausstellung seiner Fotos begegnet? Nein, fiel ihm dann ein, er kannte ihn wohl flüchtig vom Sportstudio. Am Eingang waren sie schon einmal aufeinander getroffen.

Die Klassenlehrerin, Frau Holm-Schwerdtfeger, arbeitete alle Punkte des Abends gewissenhaft ab und kam am Ende zur angekündigten Klassenfahrt in wenigen Tagen.

„Da ich auch Biologie unterrichte, schlage ich einen Ausflug in ein nahe gelegenes Wald- und Moorgebiet vor. Die Kinder sollen vor Ort botanisieren, wie es so schön zu Zeiten unserer Großeltern hieß. Also, bitte denken Sie an feste Schuhe und Kleidung, die auch was vertragen kann! Zum Abschluss machen wir ein Picknick am See. Geben Sie den Kindern bitte zu essen und zu trinken mit.“

„So was wie Schnitzeljagd?“, fragte der Vater neben Gunnar. Eine Mutter gab zu bedenken, es könnte regnen.

„Am See gibt es eine Schutzhütte, und der Wetterbericht hört sich verheißungsvoll an“, versuchte die Lehrerin den Einwurf der Mutter zu zerstreuen.

„Allerdings bitte ich darum, weil wir eine gemischte Klasse mit Mädchen und Jungen sind, dass ein Vater sich bereit erklärt, mit Aufsicht zu führen.“

Frau Holm-Schwerdtfeger sah zuerst die beiden Väter an und dann Gunnar. Keine Reaktion. „Meine Damen, wäre einer Ihrer Ehemänner vielleicht willens, auch wenn sie heute nicht anwesend sind?"

Verlegenes in den Schoß schauen. Schulterzucken. Man muss sich einbringen. Hatte er das nicht seinem Sohn immer gepredigt?

Gunnar stand auf und sagte: „Ich übernehme das. Es sei denn, ich kann es beruflich nicht einrichten, aber eigentlich sehe ich kein Problem."

Ein Aufatmen ging durch die Reihen. Die Lehrerin nickte ihm mit einem dankbaren Lächeln zu, fing an zu klatschen und rief: „Ich bitte um einen Applaus für meinen Assistenten."

Gunnar winkte ab und murmelte: „Einer muss es ja machen."

Noch ahnte er nicht, dass ihm dieser Klassenausflug im Gedächtnis bleiben würde.

— 9—

Wie versprochen hatte Gunnar Voss es am Ausflugstag geschafft, sich den Tag freizunehmen. Kurz nach sieben wartete er vor der Schule.

Ein Rudel junger Hunde war nichts gegen das Gerenne und Herumgehüpfe der Klasse 5a in Erwartung des Busses für die heutige Klassenfahrt.

Da wollen sie schon so abgeklärt sein und benehmen sich jetzt wie Babys, dachte Gunnar.

Eine Mutter sagte lachend zu ihm: „Ist doch schön zu sehen, wie aufgeregt alle sind in der Vorfreude, was der Tag heute wohl bringt."

Sein Sohn Jannis lehnte weit von ihm entfernt an einem Baum, neben ihm das war wohl David Moore. Das knallrote Base-Cap hatte er lässig mit dem Schirm in den Nacken gedreht. Jannis war zu Hause nur noch das Sprachrohr seines Freundes: „David meint, David sagt, David will ..."

„Ist ja ätzend, dass du mitfährst", hatte Jannis gemault, als Gunnar ihm erklärte, ein Vater müsse die Fahrt begleiten.

„Warum ausgerechnet du? Mensch, echt uncool."

„Weil kein anderer Vater sich gemeldet hat. So einfach ist das. Und wenn ich mich nicht bereit erklärt hätte, wäre der Ausflug womöglich ins Wasser gefallen."

„Aber tu bitte so, als ob wir uns nicht kennen! Wirklich oberpeinlich."

Lachend hatte Gunnar zugestimmt. „Ich versuche mein Bestes."

Die Mädchen hatten kleine Rucksäcke in Pink oder Lila dabei, an denen Bären, Hasen oder Äffchen baumelten. Sie standen kichernd in kleinen Gruppen zusammen und stoben kreischend auseinander, wenn die Jungen sich näherten.

Andere kuschelten sich an ihre Mutter, als ob es galt, nicht nur für heute, sondern für lange Zeit Abschied zu nehmen.

Frau Holm-Schwerdtfeger keuchte heran, als der Bus schon in die Straße vor der Schule einbog. Sie trug einen Karton, den sie vorsichtig absetzte. Aufatmend pustete sie sich eine lockige Haarsträhne aus dem Gesicht.

„Was ist da drin?", rief eines der Mädchen.

„Das werdet ihr dann schon sehen. Guten Morgen, Herr Voss", wandte sie sich an Gunnar. „Na, was habe ich zum Wetter gesagt? Die Sonne scheint, was wollen wir mehr an so einem Tag. Ich bin richtig ins Schwitzen gekommen."

Dabei knöpfte sie ihre Jacke auf und sein Blick fiel auf ein ansehnliches Dekolleté.

Der Busfahrer öffnete die Vordertür, und die Kindermeute stürzte vorwärts.

„Halt, halt! Ruhe! Es wird erst eingestiegen, wenn ich das Kommando gebe", rief die Lehrerin.

Sie holte eine Liste aus ihrer Umhängetasche und begann mit lauter Stimme die Namen der Kinder zu verlesen.

„Und jetzt, sagt euren Eltern Tschüß, und rein mit euch, ohne zu drängeln oder zu stoßen."

Gunnar schaute zu seinem Sohn hinüber. Der lehnte immer noch am Baum, aber er verkniff sich, ihn zu rufen. Das tat die Lehrerin: „David, Jannis, braucht ihr eine Extraeinladung?"

Schließlich saßen alle nach kurzen Balgereien und Geschubse auf ihren Plätzen. Hände winkten innen und außen, und der Bus setzte sich in Bewegung.

„Ich geh nach hinten, wenn Sie nichts dagegen haben, Frau Holm-Schwerdtfeger", und ohne ihre Antwort abzuwarten, begab Gunnar sich in den hinteren Teil des Busses.

Er setzte sich und zog eine Fachzeitschrift aus der Tasche, war sich aber nicht sicher, ob es ihm gelingen würde, sich bei dem Spektakel, das die Kinder machten, auf den Artikel eines Unternehmensberaters in den VDMA-Nachrichten zu konzentrieren. Dieser hatte auf einer Tagung in Sindelfingen einen Vortrag gehalten zum Thema „Umsetzungskraft" – eine Stärke, die, wenn sie fehlt, jeden Unternehmenserfolg verhagelt. Der Berater ging deshalb der Frage auf den Grund: Wie werden aus „Bescheidwissern" wirkliche Umsetzer. Sein Tenor: ‚Wissen ist gut, aber erst Machen macht besser'.

Gunnar Voss erinnerte sich an ein Beispiel zum Thema Wissen, das Nico Brunsmann ihm und den Kollegen in einem seiner Workshops in der Firma erzählt hatte, wo ein junger Amerikaner zu Tode gekommen war, weil er nicht wusste, dass die Leitplanke, die er übersprang, an einem 30 Meter tiefen Abgrund stand. Hätte er es gewusst, würde er noch leben. War ja ein ziemlich makaberes Beispiel, was Brunsmann da brachte, dachte Gunnar. Aber ist ja auch ein makaberer Preis, der posthum an einen Menschen verliehen wird, der sich versehentlich oder durch eine dumme Fehlentscheidung ums Leben bringt. Das Ganze nachzulesen auf der Website des Darwin-Awards.

Er hatte noch keine halbe Seite gelesen, als Gunnar merkte, die Idee mit der Zeitschrift konnte er vergessen. Frau Holm-Schwerdtfeger griff zum Mikrofon und begann, den Tagesablauf zu erklären.

„Jemand hat mich gefragt, was in dem Karton ist, den ich mitgebracht habe. Da ist ein Mikroskop drin. Wisst ihr, was ein Mikroskop ist?"

„Jaaa!"

„Nein!"

„Wo man reinspricht."

„Was zum Tauchen?"

Alle schnippten mit den Fingern und riefen durcheinander.

„Das ist praktisch ein Vergrößerungsgerät, um winzige Sachen, wie etwa einen Wassertropfen, zwischen zwei Glasplättchen zu betrachten. Man sieht dann Dinge, die man mit bloßem Auge nicht erkennen kann."

„Froscheier", rief einer der Jungen und erntete sofort ein schrilles „Iiiiih" der meisten Klassenkameradinnen.

„Wir werden heute versuchen, besondere Dinge zu sammeln."

„Tannenzapfen?"

„Pilze?" ging die Ruferei weiter.

„Nein, kleine Dinge. Vielleicht finden wir einen toten Käfer und können ein Bein betrachten,oder wenn die Mädchen es besser finden ein Blütenblatt, bevor ihr wieder anfangt zu kreischen."

„Und was machen wir noch?"

Gunnar stand auf, ging jetzt doch wieder nach vorne und sagte: „Vielleicht könnt ihr mir erklären, wie die Bäume heißen. Oder ihr baut eine kleine Feuerstelle und wir spießen beim Picknick Marshmallows auf Stöcke und grillen sie."

Ein Indianergeheul brach los.

Er ließ sich auf dem Sitz neben der Lehrerin nieder und roch ein angenehm frisches Parfum.

„Unser Jannis ist ganz verrückt nach diesem Mäusespeck, aber ..." mit einem Augenzwinkern und verschwörerischer Stimme fuhr er fort: „Mein Sohn und ich wir kennen uns laut Absprache heute nicht! Sie haben sicher schon beim Einsteigen gemerkt, dass er nichts mit mir zu tun haben wollte."

Die Lehrerin sah ihn lachend an und sagte: „Okay."

Gunnar stellte fest, dass sie sehr blaue Augen und einen schön geschwungenen Mund hatte. Wir sind etwa im gleichen Alter, dachte er. Vielleicht kann ich sie auf der Fahrt ein bisschen ausfragen. Aber sie den ganzen Tag mit ihrem Doppelnamen anreden zu müssen, ist ja ätzend, wie Jannis sagen würde. Sie trägt keinen Ehering, doch der Name deutet wohl darauf hin, dass sie verheiratet ist. Warum können heutzutage manche Frauen nicht einfach, nachdem sie den Antrag angenommen haben, auch den Namen des Mannes akzeptieren? Meistens sind es dann ja auch noch Bandwurmnamen wie Leutheusser-Schnarrenberger oder Nüsslein-Volhard.

„Was machen Sie eigentlich beruflich?", hörte er jetzt.

„Ich arbeite bei Siebert & Stolzky, einer Firma, die Pumpen herstellt."

„Als Schlosser oder Werkzeugmacher?"

„Nein, ich bin in der Konstruktions- und Entwicklungsabteilung."

„Das stelle ich mir sehr interessant vor. Ist doch bestimmt nie langweilig."

Sie plauderten ein wenig und sie fragte weiter: „Baut Ihre Firma Wasserpumpen?"

„Ja, auch Pumpen zur Be- und Entwässerung, aber ansonsten alle Arten von Pumpen für unterschiedlichste Anwendungen. Für die chemische Industrie oder Entgasungsanlagen. Für Medizintechnik oder Kühlungen. Egal was der Kunde braucht, unser Sortiment ist riesig, ob Drehkolbenpumpe, Schraubenspindelpumpe oder Exzenterschneckenpumpe und, und, und. Wir bauen sie."

„Frau Holm-Schwerdtfeger ...", rief ein Kind in dem Moment.

Die Lehrerin sah sich um und stand auf. Eines der Mädchen hatte sich gestoßen und weinte. Sie nahm es tröstend in den Arm und strich ihm über das Haar. Gunnar fand es sehr anrührend, wie liebevoll sie sich um das kleine Mädchen kümmerte. Als sie zu ihrem Platz zurückkam, fragte er: „Haben Sie eigentlich auch Kinder?"

Sie schaute ihn schräg von der Seite an und antwortete dann mit einem verschmitzten Lächeln: „Weder noch. Ich heiße übrigens Anette."

„Weder noch?", echote er.

„Ihre nächste Frage wäre doch gewesen, ob ich verheiratet bin."

Jetzt begriff er und fühlte sich auf einmal sehr beschwingt.

Nach gut zwei Stunden bog der Busfahrer von der Straße ab in ein waldiges Gelände mit großen Gras- und Heideflächen dazwischen.

„Gleich sind wir da. Nehmt eure Sachen. Es wird nicht herumgetobt. Wir bilden kleine Gruppen, und ich gebe euch die Aufgaben fürs Mikroskopieren."

Gunnar half der Lehrerein beim Aussteigen. Ihre Hand lag für eine kurze Weile in seiner, und ihre Schulter streifte ihn. Dann zappelte schon eins der Kinder auf der obersten Stufe. Er lud den Karton mit dem Mikroskop aus. Der Busfahrer warf den Motor wieder an und wendete. Er würde sie am Abend wieder abholen.

Schon fünf Minuten später waren sie an einem kleinen See angelangt. Es gab kein Halten mehr. Steine wurden ins Wasser geworfen, David und Jannis sammelten ein paar Rindenstücke auf und ließen sie schwimmen.

Die Lehrerin hatte Mühe, die Aufmerksamkeit der Kinder auf sich zu lenken. Als endlich die erste Aufregung abebbte, teilte sie die Gruppen ein und die Kinder schwärmten aus, um ‚Beute‘ für das Mikroskop zu finden.

Der Tag verging wie im Flug. Gunnar achtete darauf, keins der Kinder aus den Augen zu verlieren. Mittags packten alle ihre mitgebrachten Butterbrote, Obst, die Trinkflaschen und Yoghurtbecher aus. Sie saßen auf dicken Steinen, Baumstämmen oder im Gras. Ein paar Kinder forderte Gunnar auf, Steine zu sammeln, und sie probierten eifrig, daraus einen Wall aufzubauen, der das Feuer am besten gegen Wind schützte, damit sie ihre Marshmallows grillen konnten, die er mitgebracht hatte.

Als es Zeit für die Rückfahrt wurde, klatschte die Lehrerin in die Hände und rief alle zusammen. „Sammelt bitte alles ein, was euch gehört, lasst keinen Abfall liegen. Abmarsch in zehn Minuten!"

Gunnar goss noch einmal Wasser auf die Feuerstelle.

Dann sagte er: „Ich mache die Vorhut und gehe mit den ersten los. Mal schauen, ob der Bus schon da ist."

Die Lehrerin rief den Rest der Kinder zusammen, und auch die Nachzügler machten sich müde, ein bisschen traurig, dass der Tag vorbei war, auf den Weg, aber doch auch froh, wieder nach Hause zu fahren. Ein paar rannten voraus und huschten hinter einen Baum oder Busch, um mit Geheul hervorzustürmen und die Nachfolgenden zu erschrecken. Ein paar Nachzügler forderte die Lehrerin auf, nicht so zu trödeln.

Der Bus stand schon bereit. Gunnar wunderte sich, dass sein Sohn einstieg ohne den Freund im Schlepptau und fragte erstaunt: „Wo ist David?"

„Der musste noch mal kurz verschwinden."

„Wo ist er denn hin?"

„Da an der Biegung ist er ein Stück hinter die Büsche gelaufen." Jannis deutete nach rückwärts in die Richtung eines Gebüschs, das links vom Weg stand.

Als nach ein paar Minuten noch immer nicht das rote Base-Cap aufleuchtete, entschloss sich Gunnar, nach dem Jungen Ausschau zu halten.

Er war etwa 200 Meter gegangen, als er ein Weinen hörte und klägliche Rufe. Vorbei an ein paar struppigen Tannen sprang er über einen Graben, spurtete durch Heidelbeerbüsche, und während er noch eine Brombeerranke von seiner Hose hakte, sah er es schon rot leuchten. Im Weitergehen blieb sein Blick an einem großen Horst Hirschzungenfarn hängen, auf den man nicht so oft traf. Im Gegenlicht wirkten die lanzettlichen Blätter wie ein Scherenschnitt. Schade, aber für ein Foto ist jetzt keine Zeit, dachte er. Er musste sich um den Jungen kümmern.

„David, was ist los?"

Der saß auf dem Boden, schniefte und jammerte: „Au, Aua, es tut so weh." Dabei zeigte er auf seinen rechten Fuß.

„Was ist passiert?" Gunnar betastete den Knöchel schob dann die Arme unter Davids Schultern. „Kannst du aufstehen?"

„Ich bin über so eine blöde Wurzel gestolpert, und dieses, dieses ... rabbit hole."

Der deutsche Begriff für ein Kaninchenloch fiel ihm vor lauter Aufregung nicht ein.

„Versuch mal, den Fuß zu belasten. Stell dich mal hin."

Wieder jammerte David und verzog vor Schmerz das Gesicht. Tränen liefen ihm über die Wangen.

„Es sieht nach einer Verstauchung aus."

David sah ihn mit großen Augen an und Gunnar erklärte: „I think, it's a sprain. Pass auf! Du hüpfst jetzt auf einem Bein so gut es geht. Ich halte dich. Wenn wir auf dem Weg sind, trage ich dich."

Bis zum Bus nahm Gunnar den Jungen Huckepack. Obwohl er durch regelmäßigen Sport gut trainiert war, musste er kurz stehenbleiben und verschnaufen. Endlich waren sie angelangt. Die Lehrerin lief auf sie zu und rief: „Was ist passiert? Oh, mein Gott!"

Die Mitschüler drückten sich an der Scheibe die Nasen platt, und alle schnatterten aufgeregt durcheinander. Jannis kam zur Tür gestürzt, während Gunnar mit Hilfe des Busfahrers David auf einen vorderen Sitzplatz hievte.

„Er ist gestolpert und scheint sich den Fuß verstaucht zu haben", erklärte er der Lehrerin. „Keine Panik. Sein Kopf sitzt noch oben."

Dabei knuffte Gunnar den Jungen freundschaftlich in die Seite.

„Wir legen jetzt dein Bein hoch, und sobald wir zu Hause sind, guckt sich der Doktor das Malheur an. Oder glaubst du, wir müssen unterwegs an einem Krankenhaus anhalten?"

David schüttelte den Kopf. „Geht schon."

„Ein Indianer kennt keinen Schmerz", munterte Gunnar ihn mit einem Kopfnicken auf.

„Ich hoffe, es gibt keine Schwierigkeiten mit den Eltern."

Anette Holm-Schwerdtfeger sah Gunnar mit einem solch ängstlichen Gesichtsausdruck an, dass er sie am liebsten in den Arm genommen und getröstet hätte.

„Man weiß ja, wie das in Amerika geht. Die verlangen doch immer Unsummen an Schmerzensgeld, zumindest hört man das immer", raunte sie ihm zu.

„Nun mal ganz ruhig."

Begütigend legte er ihr die Hand auf die Schulter und schob noch ein „Anette" hinterher. „Wir beide kriegen das schon geregelt."

Gunnar bat nun den Fahrer um zwei Dosen Cola aus dem Kühlfach und zog David den Schuh aus.

„Leihst du mir dein Halstuch, Anette?"

„Seht ihr," wandte er sich an die Neugierigen, die sich erwartungsvoll nach vorne gedrängt hatten, „das ist eine Erste-Hilfe-Maßnahme."

„Was machst du mit den Coladosen?"

„Die sind schön kalt, und ich lege sie rechts und links neben Davids Fuß. Erstens schmerzt der Knöchel dann nicht mehr so durch die Kälte, und das Gelenk schwillt weniger an, wird also nicht dicker."

Geschickt band Gunnar den Schal der Lehrerin um das provisorische Kühlpaket und verknotete ihn mit einem: „So, fertig! Nicht schön, aber es erfüllt seinen Zweck. Sowas lernt man bei den Pfadfindern!"

Langsam ebbte die Aufregung der Kinder ab, und der Bus setzte sich in Bewegung.

David fand es toll, so im Mittelpunkt zu stehen, und um ihn ein wenig abzulenken, kam der Vorschlag der Lehrerin: „Wollen wir was singen oder Stille Post spielen?"

Pamela Moore schlug mit einem Aufschrei die Hand vor den Mund, als ihr Sohn aus dem Bus gehoben wurde und anfing zu weinen, als er seine Mutter sah.

„Mrs. Moore, ein kleines Problem, shit happens", versuchte Gunnar den Vorfall mit einem Schulterzucken zu erklären.

„Ich begleite Sie und David selbstverständlich zum Arzt oder ins Krankenhaus. We can call on a doctor. Es sind ein paar Formalitäten zu erledigen, weil es ein Schulunfall war."

Davids Mutter nickte erleichtert, und kurze Zeit später standen sie in der Aufnahme des Zentralkrankenhauses. Ein junger Arzt untersuchte den Fuß und riet, ihn vorsichtshalber zu röntgen.

„Das hat ja ewig gedauert", maulte Jannis, als Gunnar mit David auf dem Arm wieder auf dem Flur auftauchte, wo er vor dem Röntgenraum gewartet hatte.

„Was ist mit Davids Fuß?"

„Nichts gebrochen. Die Außenbänder sind wohl gedehnt. Er muss den Fuß schonen, ein paar Tage zu Hause bleiben. Aber nächste Woche könnt ihr sicher schon wieder Fußball spielen", antwortete Gunnar.

„Thank you, Mister Voss. Okay, Jannis, du willst bringen the next days – wie sagt man ... his homework?", schaltete sich jetzt Pamela Moore-Liang ein und sah Gunnar hilfesuchend an.

„Das macht er gerne", antwortete Gunnar an Stelle seines Sohnes.

„Mensch, hast du ein Glück. Du musst nicht zur Schule", Jannis sah neidisch auf den jetzt bandagierten Fuß seines Freundes.

„Ja, aber es tut ziemlich weh." Davids Stimme klang kläglich.

„Zu Hause kühlt ihr den Knöchel weiter, und morgen sieht die Sache schon viel besser aus. Du wirst sehen. Komm, mein Freund, ab ins Auto!"

Mit diesen Worten setzte Gunnar David in den bereitgestellten Rollstuhl, steuerte den Ausgang an und trug den Jungen dann zum Auto.

„Ich fahre hinter Ihnen her in die Markusallee, Mrs. Moore, und helfe beim Aussteigen. David, welche Hausnummer?"

Als Gunnar nach dem Abendessen und einem Gespräch ‚unter Männern', wie sie beide so den Tag gefunden hatten, Jannis ins Bett gebracht hatte, genehmigte er sich ein Glas Rotwein und ließ sich aufatmend in einen Sessel fallen. Dann wählte er die Telefonnummer der Lehrerin und berichtete ihr.

„Davids Mutter hat ja zum Glück gelassen auf den Unfall reagiert, aber vielleicht sieht sein Vater das ganz anders", hörte Gunnar eine verzagte Stimme am anderen Ende der Leitung.

„Nun mach dir mal keine Sorgen und ruh dich erst mal von den heutigen Strapazen aus. Ich finde, so ein Klassenausflug ist ganz schön anstrengend. Schlaf gut."

10

Karin Faber stand in der Tür, als Nico von einem Rundgang in sein Büro zurückkam.

„Bevor ich gehe, Herr Brunsmann, wollte ich Ihnen noch sagen, in der Endmontage war der Teufel los. Der Meister war hier und hat Sie gesucht. Er sagte, an allen Ecken und Enden fehlten Teile. Im Einkauf säßen nur Nullen und lange mache er das nicht mehr mit. Sie würden in halbfertigen Pumpen ersaufen. Entschuldigung, er hat sich so ausgedrückt. Was unbedingt rausgehen müsste, kriegten sie nicht geregelt."

Sie zuckte mit den Schultern und griff nach ihrer Tasche.

„Also, ich verschwinde dann. Bis morgen."

„Ja, schönen Feierabend. Danke, dass Sie auf mich gewartet haben."

Da bläst sich einer ja gewaltig auf und macht aus einer Mücke einen Elefanten. Ersaufen in Pumpen. Sollen Sie doch froh sein, dass es jetzt zügig vorangeht, dachte Nico.

Im Zuschnitt lief es nach dem Event wie geschmiert und vor allem viel effektiver. Nico hatte Liang stolz eine Einsparungsrate beim Material von acht Prozent vorweisen können, seit die Sägen umgestellt worden waren. Dadurch wurden die Wege kürzer. Und Umrüstzeit konnte auch eingespart werden, weil sie die Stähle je nach Dicke inzwischen systematischer auf Längen schnitten. Das bedeutete Material- und somit Kostenverringerung.

Allerdings, hatten sich in den letzten Tagen die Kundenanrufe nicht gehäuft, die sich über Lieferrückstände beschwerten?

Nico seufzte und beschloss in der Endmontage nach dem Rechten zu sehen. Eigentlich hatte er heute mal pünktlich Feierabend machen wollen, aber allzu lang würde es wohl nicht dauern.

Günther Luther und Mehmet Yilmaz wuchteten gerade eine Gitterbox zur Seite, um an eine Pumpe auf einem Regal zu kommen. Die beiden keuchten, und es schien, als würden sie schon länger schwere Teile hin und her schieben. Mit hochrotem Kopf wischte sich Luther schwer atmend mit dem Handrücken den Schweiß von der Stirn, als er Nico kommen sah. Yilmaz schwang sich auf den Stapler, um ihn ein Stück zur Seite zu fahren, und rief: „Herr Brunsmann, so geht das hier nicht weiter! Gucken Sie sich das an. Es kann doch nicht sein, dass wir wie die Bekloppten dauernd alles von rechts nach links räumen müssen, um eine Pumpe fertigzumachen."

„Die XS 47 hätte schon vor zwei Wochen beim Kunden sein sollen. Jetzt wühlen wir uns durch, weil endlich der fehlende Wickertflansch da ist. Die Pumpe aber muss erst ausgegraben werden." Luther schüttelte den Kopf.

Auch Yilmaz warf Nico einen wütenden Blick zu und wischte sich mit dem Jackenärmel den Schweiß von der Stirn.

„Ich hab die Schnauze allmählich gestrichen voll, jawoll."

Auf Regalen, in Boxen, auf dem Boden, auf und neben den Montageplätzen standen Pumpen, Pumpen, Pumpen. Manche abgedeckt, andere halb fertig, wieder andere, bei denen es aussah, als könnten sie umgehend in den Versand.

„Was ist denn passiert?"

„Seit aus dem Zuschnitt diese Massen an Teilen auflaufen, geht es hier drunter und drüber."

Luther zog ein kariertes Taschentuch hervor und schnäuzte sich lautstark.

„Zuerst waren wir ja happy und haben gedacht, es geht aufwärts", sagte Mehmet Yilmaz, der mit dem Stapler geschickt ein Hindernis in Form einer Pumpe umkurvte, „aber dann brach hier das Chaos aus, weil der Meister immer wieder Aufträge vorziehen musste, die noch gar nicht an der Reihe waren."

„Wir konnten ja schließlich nicht rumstehen und Däumchen drehen. Dafür fehlte es dann an anderer Stelle, weil der Durchmesser im Zuschnitt, den wir tatsächlich brauchen, gerade nicht gelängt wurde", stimmte nun wieder Günther Luther in das Klagelied ein.

„Sie sollten mal den Meister erleben, der schreit mit Huber vom Einkauf nur noch rum, weil es da auch nur Idioten gäbe, die es nicht schaffen, die Zukaufteile rechtzeitig zu bestellen, und wir sitzen auf dem Trockenen."

„Dieses Geschiebe und Gerücke macht einen fertig. Jede Wette, Behrens hat sich seinen Bandscheibenvorfall garantiert dabei eingehandelt."

„So weit im Rückstand wie jetzt waren wir noch nie!"

Luther stand breitbeinig da, mit in die Seiten gestemmten Fäusten.

„Es macht keinen Spaß mehr. Nee, Herr Brunsmann, absolut nicht. Ich sage nur eins: Ganz, ganz schnell muss herausgefunden werden, wer die Schuld hat an dem ganzen Schlamassel hier!"

Nico beschlich das Gefühl, dass Luther am liebsten gesagt hätte: „Sie, Herr Brunsmann, sind schuld daran."

„Beruhigen Sie sich. Schuldzuweisungen bringen uns nicht weiter. Ich werde herausfinden, was wir ändern müssen."

Dabei legte er seine Hand begütigend auf Luthers Arm.

„Aber möglichst dalli. Sonst geht das hier alles den Bach runter", knurrte der und schob Nicos Hand ruppig zur Seite.

„Schuldzuweisung, das ist es, was alle aus dem Eff, Eff beherrschen. Immer sind natürlich andere schuld."

Nico saß einem entspannten, von der Urlaubssonne gebräunten Tobias am nächsten Tag im *StäV* gegenüber. Er war froh, sich wieder mal den Frust von der Seele reden zu können. Gerade hatte er ihm die Unterredung vom Vortag geschildert.

Tobias sagte: „Das kommt mir vor wie in einem Orchester: Die Violinen beschweren sich über die Celli, die Celli über die Bässe und alle gemeinsam über die Holzbläser. Die machen ‚das Blech' für den Missklang verantwortlich, die sich ihrerseits bitterlich über die Rhythmussektion beschweren. Das besondere aber ist: Alle im Orchester haben dazu noch ein gemeinsames Feindbild: die Bratschen."

Nico atmete schwer und nahm einen großen Schluck aus seinem Glas.

„Mit deinem musikalischen Beispiel soll ich mir jetzt einen Reim darauf machen, was schiefläuft?"

Tobias nickte.

„Unzählige Witze kursieren übrigens über Bratscher, zum Beispiel der: Was ist der Unterschied zwischen einem Bratscher und einem LKW?"

Nico sah Tobias ratlos an und zog die Schultern hoch.

„Der LKW hat wenigstens *einen* Anhänger."

„Und warum hacken alle auf den Bratschen rum?"

„Man weiß es nicht. Die Bratschen haben traditionell im Orchesterverbund den schlechtesten Ruf. Warum, das bleibt den Riten und Vorurteilen der klassischen Orchester vorbehalten.

Jetzt lautet in deinem Fall die eine Million-Euro-Frage nur: Wer ist in deinem Fall die Bratsche?"

11

Strahlender Sonnenschein, als Nico am Tag des Kindergartenfestes das Gartengelände betrat. Seine Frau war nicht zu überreden gewesen, mitzukommen. Es herrschte ein ziemliches Getümmel. Eine Mutter rief: „Kann mal jemand helfen, die Würstchen und die Limokästen aus dem Kofferraum auszuladen? Ich brauche Hilfe."

Zwei Väter ließen sich nicht lange bitten. Als Fabian Nico entdeckte, rannte er wild mit den Armen fuchtelnd auf ihn zu.

„Onkel Nico, wir bauen gleich ein Piratenschiff!" – und weg war er wieder. Überall standen Väter, Mütter und Großeltern in kleinen Gruppen zusammen. Ihre Sprösslinge waren kaum zu erkennen.

Wild geschminkte Gesichter. Schlapphüte, Augenklappen und bandagierte Arme signalisierten: Bei Kämpfen und Überfällen auf feindliche Schiffe hatte es Verletzungen und Verluste gegeben. Massenhaft bunte Kopftücher kunstvoll auf Köpfe geknotet sah Nico und zerrissene Jeans, manche mit bunten Flicken. An Stricken und Gürteln baumelten um Taillen Pappdolche und Säbel. Ketten klirrten. Selbst Jungenohren waren mit auffälligen Kreolen geschmückt.

„Gnade uns Gott, wir sind unter die Piraten gefallen!", lachte ein Vater, der sich mit Tüten abschleppte, und ein anderer rief: „Ein Wetter wie Speck. Was haben wir für ein Schwein."

Die zwei hilfsbereiten Väter bugsierten inzwischen schnaufend Bierkästen und eine Wanne mit Fleisch und Würsten zum Platz, wo der Grill aufgebaut worden war. Ruckzuck waren lange Tische aufgestellt, Stühle wurden herangeschleppt, Sonnenschirme aufgespannt.

Eine Kindergärtnerin brachte ein Bündel Tapetenrollen. Im Schlepptau hatte sie zwei Jungen, die eine Karre hinter sich herzogen mit Brettern, einer dicken Taurolle, Farbeimern und allerlei Hämmern, Zangen und Nägeln. Die Karawane marschierte in Richtung Klettergerüst.

Drei besonders furchterregend geschminkte Piraten fanden gerade nichts interessanter, als den Wasserhahn bis zum Anschlag aufzudrehen, sodass sich der angeschlossene Schlauch wie eine Klapperschlange aufbäumte.

Nico amüsierte sich, als alle, die sich nicht schnell genug außer Reichweite brachten, nassgespritzt wurden. Die Kindergärtnerin schrie in heller Aufregung: „Kevin, Dennis, Klara, seid ihr noch zu retten?", stürzte an den Wasserhahn und drehte ihn zu. Dennis heulte, seine Mutter packte ihn am Kragen und schimpfte mit ihm.

„Alles halb so schlimm", lachte Klaras Opa, „haben wir doch früher auch gemacht."

„So sind Opas eben", konnte Nico sich nicht verkneifen. „Ich hatte auch so einen tollen Opa."

Allmählich standen dann alle Tische und Stühle. Eine Mutter verteilte noch Schüsseln mit Salat und Brotkörbe auf den Tischen. Ein Junge im knallroten Overall – um den Hals hatte er eine Kette mit einem halben Dutzend Haifischzähnen – legte mit todernstem Gesicht Bestecke an jeden Platz. Es war unverkennbar, wie stolz ihn diese Aufgabe machte. Wie wichtig er sich vorkam. Quer über seine Backe zog sich eine schlecht verheilte, hässliche Narbe. Von der Mutter oder wem auch immer perfekt geschminkt. Fabian stand wie Graf Rotz breitbeinig am Grill und gab Kommentare ab, ob das Fleisch jetzt fertig sei. Rauchschwaden stiegen auf, es fing an, verführerisch zu duften.

„Alle Mann an Deck! Essen fassen!", hörte Nico dann.

Aus allen Ecken des Gartens stürzte die Meute herbei. Eine wilde Jagd auf die Plätze am Tisch begann. Ein Junge flog im hohen Bogen von der Wippe, weil sein Freund einfach abgesprungen war. Er weinte ein bisschen, rieb sich die Pobacken, war aber dann schnell getröstet, weil er das erste Würstchen bekam. Dann hörte man nur noch Besteckklappern.

Nico schob sich neben Sybille und Tobias an den Tisch. „Irgendjemand sagt doch jetzt immer: die gefräßige Stille", lachte er.

Tobias nickte und machte sich über sein Steak her. Sybille fragte: „Konntest du Jessica nicht überreden mitzukommen?"

Nico schüttelte den Kopf. „Sie sagt, sie könne den Anblick der vielen Kinder nicht ertragen, noch nicht."

Als schließlich alle satt zu sein schienen, rief die Leiterin, Frau Finke, Fabian zu: „Lauf doch mal ins Haus, hol die Wäscheleine, den Beutel mit den Klammern, und du, Lilli, gehst mit und bringst mir die rote Mappe."

Fabian stieß sich beim eiligen Aufspringen das Knie am Tischbein. Er verzog zwar das Gesicht, hinkte ein bisschen, hatte dann aber auch schon vergessen, dass ihm etwas wehtat.

„Oh, oh. Das ist noch mal gut gegangen. Keine Amputation nötig. Holzbeine sind nämlich gerade ausverkauft", lachte Frau Finke, um dann mit verschwörerischer Stimme nachzulegen: „Wir können von Glück sagen, dass die Piraten von Hunger geschwächt nicht in der Lage waren, uns zu fesseln, auszurauben und ins Meer zu werfen. Ich habe ihnen das Versprechen abgenommen, dass sie uns unbehelligt lassen, wenn sie sich die Bäuche vollschlagen können. Leider hat das Piratenschiff ein paar Blessuren auf hoher See davongetragen. Die Mannschaft muss es erst reparieren und wieder seetüchtig machen." Als Fabian und Lilli wieder angerannt kamen, drückte Frau Finke beiden je ein Tauende in die Hand und scheuchte sie ein Stück auseinander. Aus der Mappe zog sie ein Bild nach dem anderen, das die Kinder gemalt hatten, die klemmte sie mit Wäscheklammern an die Leine.

„Hier sehen Sie die Entwürfe, die im Schweiß ihrer Angesichter in wochenlanger Arbeit entstanden sind. Konstruktionszeichnungen der Piraten, damit jetzt ans Werk gegangen werden kann."

Da gab es große Schiffe, kleine Boote, Dampfer, Segelschiffe, Flöße mit Masten, haushohe Wellen zu sehen. Blau, rot, gelb leuchtete es, begleitet von düsterem Schwarz. Der Schwanz eines Walfisches ragte aus gezackten Wellen. Die Zuschauer klatschten begeistert.

Auf den Ruf: „Achtung, Piraten, da hinten steht eine große Kiste mit Beutegut an der Kletterwand. Käpt'n Bligh, frei zum Entern!", stürmten die Kinder los. In Null Komma nichts sah es um die Kiste herum aus wie nach einer Schlacht. Da flogen Stofffetzen durch die Luft, Bindfadenknäuel kullerten umher, eine Schachtel mit Nägeln landete umgekippt im Gras. Zwei Kinder kletterten sofort mit einer Tapetenrolle die Sprossen hinauf und ließen sie nach unten abrollen.

„Das sieht doof aus, das Muster", maulte ein kleines blondes Mädchen. „Ja, ganz blöd", stimmten ein paar andere zu.

Auch Nico fand, kleine hellblaue Kaffeekannen auf der Tapete passten nun überhaupt nicht zu einem Piratenschiff.

Die Mutter von Lisa wollte ihrer Tochter helfen, zwei taschentuchgroße Stücke Stoff aneinanderzuknoten. Eine Kindergärtnerin nahm sie am Arm, zog sie mit sich und sagte: „Frau Freese, haben Sie sich denn schon die wundervollen Bilder richtig angesehen?"

Manche Väter glaubten, ihre Sprösslinge seien nicht fähig, mit einem Hammer umzugehen, und eine Oma jammerte: „Ich bekomme es mit der Angst zu tun, wenn meine Enkelin rittlings auf der Kletterwand thront."

Die besorgte Großmutter wurde ebenso wie die Väter ruhig, aber bestimmt von den Kindergärtnerinnen überzeugt, die Kinder mal muddeln zu lassen und vielleicht ein Weilchen im Schatten auszuruhen.

„Wie heißt es doch so schön in der Bierreklame?", hörte Nico Frau Finke sagen, als sie Klaras Opa unterhakte, „nur gucken, nicht anfassen!"

„Wollte mich doch nur nützlich machen", brummelte der.

Zwei Piraten gerieten gerade in Streit und begannen sich an den Haaren zu reißen, weil der eine die Piratenflagge mit dem Totenkopf, die eine Mutter genäht hatte, schon am Mast aufhängen wollte. Ein Vater durfte die Kampfhähne besänftigen und ihnen klarmachen, dass die Flagge erst kurz vor der Abfahrt gehisst würde.

Klara stand da, die Hände auf dem Rücken und betrachtete, wie Jens und Torben sich abmühten, eine geblümte Tischdecke als Segel an einer Holzlatte festzumachen. Die Nägel wollten nicht so wie die beiden.

„Mein Opa hat so ein Ding, damit macht er tack, tack, tack. Dann ist das fest. Ihr seid ja in zehn Stunden noch nicht fertig", krähte sie.

„Ja, dein Opa. Und haben wir das Tack, Tack, Tack? Nee."

„Äh, pass doch auf", schrie Jule, „du trampelst ja das ganze Meer kaputt", als Klara in den verschlungenen grünen und blauen Tapeten am Fuß der Kletterwand herumstiefelte.

Dann schleiften zwei Burschen ein Paddel hinter sich her, das aus einem Besenstiel und einem Federballschläger kunstvoll mit Klebeband aneinandergefügt war.

Nico verfolgte gespannt das Treiben und emsige Werkeln. Er sah, wie Fabian sich an die Stirn tippte.

„So'n Quatsch, wir haben doch ein Segelschiff, da brauchen wir kein Paddel!"

Nico wusste gar nicht, wohin er zuerst gucken sollte. Am obersten Holm des Klettergerüsts band ein Kind Schnüre fest und kommandierte die unten stehenden Kinder: „Die müsst ihr schrägziehen und auf dem Boden Steine draufstapeln."

„Warum?", riefen welche.

„Dann machen wir Bänder und die Luftballons dran."

Leonie kam außer Atem mit einem überdimensionalen lila Plüschtiger angerannt. Die Sorte Hauptgewinn an der Losbude, die man auf dem Rummel gewinnt und sich dann damit abschleppen muss, dachte Nico und musste lachen.

„Was willste denn damit?", fragte Jens.

„Am Schiff is vorne immer was dran. Ne Frau oder 'n Tier. Ich hab das im Fernsehen gesehen."

Sie quetschte das Vieh mit dem Rücken an den Holm des Klettergerüstes und fing an, Bindfaden um den Bauch zu wickeln, um es festzuzurren. Drei andere Piraten mühten sich am Fuße des Klettergerüstes mit einem Bündel schmaler schwarzer Folie ab.

„Die machen wir unten rum um das Schiff, dann sind wir fast fertig", rief der eine. „Los! Kommt jetzt alle her!"

Dann folgte ein ohrenbetäubendes Geschrei, als alle Piraten die Bordwand hochkletterten.

„Als Zurückgebliebener meint man, eine frische Brise zu spüren."

Nico knuffte Tobias in die Seite. „Und guck mal genau hin, bläht sich das geblümte Segel nicht schon im Wind?"

Der Plüschtiger am Bug streckte alle Viere von sich, und das stolze Schiff schickte sich an, auf die Reise zu gehen. In ungelenken Buchstaben prangte auf einem Pappschild sein Name: KWALLE.

12

Auf der Fahrt in die Firma am Montagmorgen schmunzelte Nico, als er an die Begeisterung dachte, mit der die Kinder zu Werke gegangen waren. Wie emsig sie alle hantiert hatten. Und plötzlich durchzuckte ihn ein Gedanke.

Ganz allein hatten die kleinen Piraten sich an die Arbeit gemacht. Sicherlich, die Materialien waren von den Kindergärtnerinnen herbeigeschafft worden. Aber entworfen, besprochen, begonnen, aufgebaut, wieder abgerissen und erneut gestaltet hatten ganz allein die Kinder!

„Das ist es", rief er laut und schlug mit der flachen Hand auf das Lenkrad. „Ein Event wie es im Buche steht."

Das Event im Kindergarten hatte ein Ergebnis gebracht, bei dem alle Kinder eingebunden gewesen waren. Jedes Kind hatte Vorschläge machen können. Das Für und Wider war diskutiert worden. Herausgekommen war ein Gesamtkunstwerk.

Keiner der Erwachsenen hatte sich eingemischt. Stolz hatten die Kinder das Ergebnis präsentiert.

Es gab keine Hierarchie in dem Team, kein ‚oben‘ und ‚unten‘. Nur unterschiedliche Interessen und Fähigkeiten. Wenn einer eine gute Idee hatte, dann machten die anderen mit – schon so eine Art Hierarchie, aber resultierend aus Stärken und Wissen, nicht aus Befugnissen oder Macht. Nicht das Kind mit der größten Klappe hatte die Spielregeln bestimmt. Nein, sie entschieden, der beste Kletterer werkelt oben am Gerüst, ein anderer trug Material heran. Es herrschte Einigkeit untereinander, nachdem man feststellte, ein Paddel braucht man nicht für ein Segelschiff. Als der Plüschtiger am Bug befestigt wurde, fanden alle die Idee gut. Keine Rangeleien, wer was bestimmte, keine Faustkämpfe wurden ausgetragen.

Ganz alleine waren die kleinen Piraten sich einig geworden, denn normalerweise wäre die Sache so abgelaufen: Die Väter und ein paar Mütter wären ans Werk gegangen, und die Kinder hätten im Sandkasten gespielt. Aber diese fantastischen Kindergärtnerinnen ließen die Jungen und Mädchen werkeln.

„Das ist es", jubelte er, „um meine Leute zu überzeugen, eigene Gedanken und Ideen im Betrieb umzusetzen! Klingt verrückt, ein

Kindergartenfest als Maßstab für den Ablauf in einer Abteilung, wo es hakt! Bin gespannt, was Mendel, Peter Leonhard und unser Boss dazu sagen."

Auf dem Weg zu seinem Büro lief er Liang in die Arme, und schlagartig holte ihn der Firmenalltag ein. Sehr freundlich sah sein Chef nicht aus. „Unsere Kunden sind unzufrieden. Das macht absolut keinen Spaß. Wir verlieren zu viele an unsere Konkurrenz."

Dass er sein Deutsch in der Schweiz gelernt hatte, war unverkennbar zu hören. Seine Sätze klangen immer ein wenig nach Gesang. Die sich jetzt aber eher wie Theaterdonnerwetter oder die Ouvertüre zu ‚Orpheus in der Unterwelt' anhörten.

„Mehr Produktivität und die Lieferzeiten kürzer, Nico. Meine Forderungen, den Ertrag zu steigern und ein deutlich höheres Umsatzziel ins Auge zu fassen, scheint von einigen hier im Unternehmen nicht ernstgenommen zu werden."

Nicht zu überhören schwang ein Unterton mit: „Wenn sich nicht bald etwas ändert, dann ..."

Das Gespenst in Form einer Heuschrecke streckte seine Fühler wieder aus.

Nico fühlte Wut in sich aufsteigen. Bald, das war ja noch ein vager Zeitbegriff. Noch! Wann würde ihm Mendel dieses Bald in Form einer Aussage um die Ohren hauen? Er hatte so etwas angedeutet.

„Die Banken sehen sich gezwungen, den Kreditrahmen zu kürzen."

Oder noch schlimmer: „Die Banken haben uns jeden weiteren Kredit gekündigt!"

Mendel sah harmlos aus mit rundlichem Gesicht und fülligem Körper. Man hätte ihn sich auch gut als Mönch vorstellen können in brauner Kutte mit Tonsur. Meist lächelte er, und wenn er mit vor dem Bauch gefalteten Händen hinter seinem Schreibtisch saß, erwartete man förmlich zu hören: „Mein Sohn, dir sind deine Sünden erlassen." Aber sein Äußeres täuschte.

„Nico, glaub mir", hatte er erst vor ein paar Tagen gesagt. „Sollten die Banken aufmucken, bist du der erste, der einen Tritt kriegen wird von den Chinamännern. Da kennen die kein Pardon."

„Ich habe da eine Idee, die ich gerne noch etwas überdenken möchte, Akuma", wandte Nico sich jetzt seinem Chef zu, „es spukt etwas in meinem Kopf herum, was ich gerne im Betrieb umgehend in Angriff nehmen will. Am Wochenende war ich bei einem Kindergartenfest, was mir ein paar Erkenntnisse beschert hat."

„Kindergartenfest?"

Liangs Gesicht war ein einziges Fragezeichen. Nico sah förmlich, wie sich die Gedanken hinter der glatten Stirn des Asiaten überschlugen. Soll er ruhig ein bisschen an meinem Verstand zweifeln, ich werde ihn schon überzeugen, dachte er.

Zu Jessicas Überraschung hatte Nico an diesem Abend früher als sonst Feierabend gemacht. Er wirkte heute sehr viel gelöster als in letzter Zeit. Wie oft hatte er mit aufgestütztem Kopf am Abendbrottisch vor sich hingestarrt. Sie hörte ihn vergnügt pfeifen, während er sich im Bad die Hände wusch.

„Was ist los? Du siehst ziemlich entspannt aus. Läuft es besser in der Firma? Erzähl."

Nico nahm sie in den Arm, drückte ihr einen Kuss auf die Stirn, und als sie sich nicht abwehrend gegen ihn stemmte, wagte er, sie so zu küssen, wie sie es ihm schon lange nicht mehr erlaubt hatte. Sie erwiderte den Kuss, und ein Glücksgefühl durchströmte ihn. Die Firma war ihm in diesem Augenblick ziemlich egal.

„Liebes, du glaubst nicht, wie froh ich bin. Ich war in den letzten Monaten zutiefst verunsichert. Immer wieder waren da die Bilder, wie du auf dem Teppich lagst, schmerzgekrümmt auf dem weißen Teppich vor dem Bett, bis ich endlich begriff, dass du gerade unser Kind verloren hattest."

Welche Vorwürfe hatte er sich gemacht im Glauben, sein Wunsch nach Malaysia zu gehen, habe dazu geführt, dass Jessica das Kind verlor.

„Die unterschiedlichsten Faktoren können schuld daran sein", erklärte ihm Jessicas Arzt. „Sie müssen sich keine Vorwürfe machen."

Seine Mutter meinte gar: „Vielleicht war es besser, dass das Kind nicht auf die Welt gekommen ist. Manchmal ist die Vorsehung weiser als wir Menschen."

Trösten konnte sie ihn nicht damit. Seine Gewissensbisse waren geblieben. Miteinander geschlafen hatten sie nicht mehr seitdem, sondern jeder auf seiner Seite des Betts gelegen, die Rücken einander zugekehrt. Darüber zu sprechen, hatte Jessica abgeblockt. Dass sie sich nun an ihn schmiegte! Er hätte vor Freude schreien können.

„Komm", sagte er stattdessen nur, hob sie auf seine Arme und ließ sie sanft im Schlafzimmer in die Kissen gleiten.

Als sie später bei einem Glas Rotwein gemeinsam auf der Couch im Wohnzimmer saßen, fragte Jessica: „Und in der Firma?"

Nico legte den Arm um sie, knabberte an ihrem Ohrläppchen und schnurrte: „Willst du wirklich jetzt mit mir über Firmenprobleme sprechen?"

„Nun red schon. Es bedrückt dich doch."

„Liang liegt mir unentwegt in den Ohren, wir müssten die Produktivität verbessern und vor allem die Lieferzeiten verkürzen. Bei jeder Gelegenheit haut er uns Prozentzahlen um die Ohren."

„Hat nicht, als du bei Herbold gearbeitet hast, der Geschäftsführer dem Einkaufsleiter auch immer vorgeworfen, mit der Produktivität läge es im Argen?"

Nico nickte. Er wurde nicht gerne an diese Zeit erinnert, an den Job, den er Hals über Kopf angenommen hatte, als sich die Sache mit Malaysia durch Jessicas Intervention erledigte.

„Na klar. Ich habe mich ja gewundert, als ich anfangs bei Herbold war, dass der Mann ständig angeschnauzt wurde. Seine Leute liefen wie aufgescheuchte Eichhörnchen herum. Die Kaufteile wären nicht rechtzeitig vorrätig. Außerdem überteuert beschafft worden. Dem Mann wurde mangelndes Verhandlungsgeschick vorgeworfen."

„Und war nicht auch was mit viel zu viel Überstunden?"

„Genau, und da wurde es erst richtig ungemütlich in der Abteilung."

„Dann hat der Geschäftsführer doch dir den schwarzen Peter zugeschoben."

„Ich sollte zumindest dem Einkaufsleiter helfen, die gravierendsten Fehler auszumerzen. Habe mich ja dann rangesetzt, eine

Liste der Zukaufteile erstellt, mit den Leuten gesprochen und analysiert, was sich verbessern ließe, habe zwei Wochen lang Excel Sheets und PowerPoint-Präsentationen aufbereitet."

„Was für mich Böhmische Dörfer sind", warf Jessica dazwischen.

„Also, ich fand es wichtig, erst mal Struktur in das Ganze zu bringen und systematisch vorzugehen. Die hatten sich doch im Einkauf ewig lange an Projekten festgehalten, die vortäuschten, es käme zu Verbesserungen. Zuerst waren wöchentliche Treffen angesetzt worden, dann monatliche, schließlich kam es zum Austausch einmal im Vierteljahr, und das angestrebte Ziel verschwand immer weiter aus dem Blickfeld. Alle logen sich in die eigene Tasche. Nix änderte sich, aber keiner hatte den Schneid, das Projekt als gescheitert zu erklären. Was mir besonders aufgefallen war: das ERP-System konnte zwar viel, vielleicht auch noch für den Vertrieb und die Finanzen genutzt werden, wurde aber im Einkauf überhaupt nicht effektiv eingesetzt."

„Was hältst du davon, wenn wir am Wochenende Tobias und Sybille einladen, und du redest mal mit Tobias?"

Jessica kuschelte sich dichter an Nico. „Ich mache es mir mit Sybille gemütlich und du hast danach den Kopf freier."

Zum Glück waren die Freunde sofort bereit, am Samstagabend zu kommen. Jessica servierte eine leichte Zitronen-Blumenkohlsuppe, dazu kleine Snacks mit Lachs, Hähnchenfleisch und Ziegenkäse auf Mango. Ein Zimt-Parfait, das auf der Zunge zerging, bildete den Abschluss.

„Wir werden uns jetzt eine zu Herzen gehende wunderschöne DVD reinziehen und unsere Taschentücher bereithalten", lachte sie und zog Sybille mit sich aus dem Zimmer. „Bier ist genug im Kühlschrank, und ein paar Happen Nachschub sind auch noch da. Also, Männer, bis später."

Nico grinste ein bisschen schief und sagte zu Tobias: „Habe ich nicht eine wundervolle Frau, der das Wohl ihres Ehemannes am Herzen liegt und die merkt, dass ihn die geschäftlichen Probleme um den Schlaf bringen, weil er sich mit der Vorbereitung für eins dieser Umsetzungs-Events herumschlägt."

„Ach? Warum willst du jetzt auf einmal so ein Event machen?",
fragte Tobias.

„Warum? Na, du machst mir Spaß. Du liegst mir doch immer
damit in den Ohren. Ich will den Leuten klarmachen, dass im
Gegensatz zum Projekt so ein Event Sinn macht, weil es dabei
um kleine Schritte geht, um zwei, drei Verbesserungen. Weil ein
Erfolg sich schneller einstellt und die Zufriedenheit der Leute
wächst. Das sind doch deine Worte. Und beim Kindergartenfest
ist mir das beste Beispiel vorgeführt worden, wie so ein Event
ablaufen sollte. Die Sache im Zuschnitt, das ist mir inzwischen
klar, bin ich völlig stümperhaft angegangen. In der Endmontage
sind sie danach im Material erstickt. So Vieles in der Firma muss
unbedingt optimiert werden. Da kam wieder hoch, wie mich die
Mitarbeiter bei Herbold zum Buhmann gestempelt haben. Das
liegt mir immer noch im Magen."

„Was war da das Problem?"

„Ich hatte vorgeschlagen, ein Lieferantenbewertungssystem
einzuführen und diejenigen mit mittelmäßiger oder schlechter Lie-
ferperformance abzumahnen oder wenigstens die Preise drastisch
zu drücken bei A- und B-Lieferanten. Auch fand ich es richtig,
die Beschaffung von C-Teilen outzusourcen. Ich hatte gehofft,
mit Outsourcing die C-Teile günstiger beschaffen zu können und
eventuell auch ein bis zwei Einkäufer einzusparen."

„Und warum macht dir die Sache immer noch zu schaffen?"

„Wie die Furien sind sie über mich hergefallen. Outsourcing hat
doch überhaupt nichts gebracht, hieß es. Haben wir schon ver-
sucht. Ist ein einziges Desaster gewesen. Der Einkaufsleiter glaubte einfach nicht, dass die Outsourcing-Lösung Kosten einsparen
würde. Große Mühe, genügend Angebote einzuholen, hat der sich
allerdings nicht gemacht. Hinterher habe ich erfahren, es war nur
ein einziges lausiges Angebot."

Nico trank einen großen Schluck und wischte sich den Schaum
von der Oberlippe.

„Dem Anbieter hatte er beim Briefing die Lage überhaupt nicht
verständlich klargemacht. Der Preis war viel zu hoch. Mitarbeiter
wollte er natürlich auch keine entlassen. Der Hund besprach sich
intern klammheimlich mit seinen Kollegen, dass ab sofort einfach

weniger Überstunden gemacht würden. Damit ließen sich der Chef und das Controlling schon besänftigen." Mit hinter dem Kopf verschränkten Armen redete Nico weiter: „Das ERP-System sei längst nicht so gut wie ihre selbstgestrickten Exel-Lösungen. Damit kämen sie hundertmal besser zurecht, war auch so eine Behauptung."

„Die IT-ler hätten doch mit ein paar Stunden Schulung den Leuten die Sache verklickern können", warf Tobias ein.

„Deren Argument war: um Himmels Willen! Für so was haben wir keine Zeit. Letztendlich hat dann der Einkaufsleiter dem Geschäftsführer nach zwölf Wochen eine Präsentation vorgelegt, dass nun fast jeder Einkäufer mit dem ERP-System arbeite. Wieder zwölf Wochen später stellten alle fest, dass die Zahl der Überstunden um zehn Prozent zurückgegangen sei. Na, geht doch, war der Kommentar der Geschäftsleitung. Weiter so!"

„Aber du warst nicht zufrieden und bist es bis heute nicht?", fragte Tobias.

„Hinters Licht haben die mich geführt. Sich hinter meinem Rücken kaputtgelacht. Den führen wir mal vor! Ein halbes Jahr später stellte sich nämlich raus, dass der Rückgang der Überstunden nur daher kam, weil zwei Werkstudenten eingestellt worden waren, die über eine andere Kostenstelle gebucht wurden. Was mich am meisten geärgert hat, die beiden Studenten waren schon eingeplant, bevor ich eingegriffen habe."

„Dann hast du deswegen im Grunde da das Handtuch geschmissen?"

„Der Einkaufsleiter hatte mir weisgemacht, er arbeite jetzt auch mit ERP. Und ich Trottel hab dem geglaubt, bis ich gemerkt habe, der führt seine Excel-Listen parallel dazu weiter. Außer ihm hatte kein Mensch einen Durchblick und darauf setzte der auch. Sein Credo: Ohne mich läuft der Laden sowieso nicht. Mir können die gar nicht an den Karren pinkeln. Stellte sich mit stolz geschwellter Brust vor den Geschäftsführer. Er allein hätte dazu beigetragen, Überstunden zu mindern. Mich hätten sie doch überhaupt nicht gebraucht. Das war der Gipfel. Ich schwöre dir, so was passiert mir nicht wieder!"

Nico schob trotzig das Kinn vor. „Nico Brunsmann fällt nur einmal auf die Schnauze!"

„Dann sieh mal zu, dass du dein Event ordentlich vorbereitest."

„Darauf kannst du Gift nehmen. Die Leiterin im Kindergarten hatte die Kinder ja die Entwürfe für das Piratenschiff malen lassen und dafür gesorgt, dass alle nötigen Dinge bereitlagen. Und wie gut das klappte, habe ich ja beim Fest gesehen."

„Wird schon schiefgehen!"

Tobias hob sein Glas.

„Plan auf jeden Fall genug Zeit für die Umsetzung ein. Und nutze unbedingt den Sieben-Wochen-Zyklus, den ich Dir beim letzten Mal im *StäV* erklärt habe."

„Ich bin da ganz optimistisch. Ist doch kinderleicht, wie ich bei dem Fest gesehen habe."

„Also dann: Give me five!"

Ihre beiden Hände schlugen gegeneinander.

Nico schwieg einen Moment und sagte dann nachdenklich: „An der Spitze im Betrieb muss sich auch bewegt werden. Das Management steht genauso in der Pflicht, die richtigen Ressourcen auf die wesentlichen Probleme und Ziele zu konzentrieren. Bisher wurde nur von oben angeordnet."

„Vor allem musst du deinen Leuten die Anerkennung zollen, wenn sie bereit sind, Strukturen zu verbessern. Bei unserem nächsten Treffen will ich einen Erfolgsbericht hören, Kumpel. In den kommenden Wochen sind wir allerdings erst mal mit der Band unterwegs und dann steht Gott sei Dank ein Urlaub auf den Malediven auf dem Plan. Sonne, Strand und kühle Drinks."

„Frei schaffender Künstler müsste man sein", frotzelte Nico, als Sybille und Tobias sich verabschiedeten.

„Für mich heißt es jetzt: Nix mit Wanderungen am Strand mit Meeresrauschen und so, sondern bei mir wird der Kopf rauchen, werden Sägen kreischen, und kein Sonnenstrahl weit und breit zu sehen sein."

Nico verzog das Gesicht bei diesen Worten. „Legt mal 'ne Gedenkminute für mich ein."

Achim Mendel musste sich als erster von Nico den begeisterten Bericht vom Kindergartenfest anhören.

„Wir haben den Mitarbeitern nicht die Möglichkeit der freien Entfaltung gegeben. Immer nur Anordnungen erteilt. Zu Hause entscheidet jeder, was zu tun ist, um ein sinnvolles Ergebnis zu bekommen. Hier im Betrieb sind sie doch auch kompetent. Tagaus, tagein stehen sie an ihrem Arbeitsplatz, kämpfen vielleicht mit einem falsch angebrachten Hebel."

„Jeder kann jederzeit Verbesserungsvorschläge machen."

Mendels Stimme klang ungehalten.

„Du meinst diesen ollen Kasten im Gang vor der Kantine, in den die Mitarbeiter Verbesserungsvorschläge werfen sollen? Am besten gleich die Lösung mit Skizze. Ich glaube nicht, dass es hier besser ist als in anderen Betrieben. Höchstens ein-, zweimal im Jahr wird dieses blickdichte Bermudadreieck geöffnet. Auf jeden Fall ohne den oder die Beteiligten."

„Aber es werden auch Vorschläge angenommen."

„Dann sind sie aber noch lange nicht umgesetzt. Und falls doch, trägt er in den meisten Fällen nicht die Handschrift desjenigen, der den Vorschlag gemacht hat. Seine Motivation ist futsch."

„Das ist mir alles zu abstrakt", knurrte Mendel.

„Pass auf, ich gebe dir ein Beispiel: Vor einiger Zeit waren meine Schwiegereltern bei uns zu Besuch. Jessica ist dann hinterher meist fix und fertig, weil ihre Mutter immerzu bohrt, wie es denn nun mal mit Nachwuchs wäre, und sie hätte zu gerne ein Enkelkind, all ihre Freundinnen schwärmten immer, aber das nur nebenbei."

„Willst du jetzt einen Vorschlag von mir, wie du es anstellen sollst, ich meine, bei den Bienen ist das so, die ..."

„Quatsch. Hör zu! Mein Schwiegervater war morgens vor uns aufgestanden und hatte schon den Frühstückstisch gedeckt. Blumen, Kerzen, ein Ei neben der Kaffeetasse. Allerdings trinken Jessica und ich morgens Tee. Ich tauschte nun stillschweigend die Kaffeetassen gegen zwei Teetassen aus. Mein Schwiegervater sagte nichts. Erst ganz am Ende des Frühstücks hörte ich ihn: „Ich hoffe, der Tee hat jetzt aber auch bedeutend besser aus den Tassen geschmeckt, die du hingestellt hast!"

„Ich habe nur gedacht, was bist du für ein Depp, warum hast du nicht die Finger von den Tassen gelassen."

„Und, hat er wieder mal den Tisch gedeckt?"

„Nee, bisher nicht! Für mich aber war es *das* Beispiel, jemanden zu demotivieren. Genauso geht es mit den Verbesserungsvorschlägen. Wir blocken die Motivation der Leute ab. Es wird begutachtet, bewertet und angezweifelt. Meistens wird die Sitzung im Meetingraum oder Betriebsratszimmer vertagt. Alles bleibt wie es war, und der Mitarbeiter sagt: Ich kann vorschlagen, was ich will, die machen doch sowieso nix. Es heißt ja immer, man solle die Leute motivieren! Das klingt ein bisschen so, als wenn Motivation ein Mittelchen wäre, was man den Leuten spritzen oder als Pille einwerfen könnte. Aber es ist ja ganz anders, Motivation ist immer da, jeder Mensch hat bereits Motive. Von Geburt an. Was doch viel wichtiger ist: Man soll sie vor allen Dingen *nicht demotivieren*.

Zeig mir den Mitarbeiter, der nicht ein großes Interesse an einem optimalen Arbeitsfeld hat. Der setzt alles daran, die Bedingungen zu verbessern, wenn ihm etwas nicht passt. In den meisten Fällen ist es doch so, dass eher demotiviert wird, wenn von der Führungsseite die Signale der Leute vor Ort nicht ernst genommen werden."

Dieselbe Geschichte mit den Kaffee- und Teetassen erzählte Nico kurze Zeit später Stolzky, als der ihn fragte: „Sagen Sie mal, Brunsmann, ich höre dauernd von diesen Stehungen. Auch sehe ich oft bei Schichtwechsel oder kurz vor Feierabend die Leute in kleinen Grüppchen vor einer Wandtafel stehen. Leonhard lästerte neulich mir gegenüber, er halte diese Stehungen für Gequatsche, reine Zeitvergeudung."

Nico seufzte und schüttelte den Kopf.

„Hier geht es darum, unser betriebliches Vorschlagswesen zu verbessern. Na ja, eigentlich eher, abzuschaffen. Wir wollen eine ganz neue Art der Umsetzung. Jeden Tag treffen sich kleine Gruppen von fünf bis fünfzehn Personen in ihrer Abteilung und sprechen darüber, was verbessert werden könnte. Damit die Sache nicht ausufert, ist kurz vor der Pause genau der richtige Zeitpunkt. Da wird schon höllisch aufgepasst, exakt das auf's Tapet zu bringen, was Probleme macht. Das ist kein Kaffeekränzchen. Jeder will schließlich noch sein Päuschen haben."

„Und tatsächlich kein Rumgeschwafel?", hörte Nico jetzt wieder Stolzky.

„Nein. Für diese täglichen Treffen sind immer nur höchstens zehn Minuten angesetzt. Die Beteiligten haben zuvor einen Moderator benannt, der arbeitet mit ihnen zusammen die eingereichten Karten mit den Vorschlägen ab, die an der Wand hängen."

„Einer hat also die Zügel in der Hand, verstehe", sagte Stolzky. „Schlägt jetzt jemand ein neues Thema vor, fragt der Moderator die Zustimmung der Gruppe ab und legt eine neue Karte an. Er muss nun auf Probleme oder auf Kennzahlen hinweisen. Alle Argumente werden aufgeschrieben. Die Informationen zu visualisieren ist wichtig. Die direkten Ziele, Ideen und Aufgaben stehen dann für jeden lesbar auf den Karten."

„Nach dem Motto, was du schwarz auf weiß besitzt, kannst du getrost nach Hause tragen", lachte Stolzky.

— 13 —

Nico eilte am nächsten Tag in den kleinen Konferenzraum zu dem Event, das er nach dem Kindergartenfest geplant hatte. Es ging um das Thema Teilebereitstellung. Das Event würde er mit Hilfe des 7-Wochen-Zyklus auf den Weg bringen lassen.

Er sah Gunnar Voss, den er als Leiter des Events eingesetzt hatte und der für die Vorbereitung und Moderation zuständig war, im Gespräch mit dem Werkzeugmachermeister Conradi. Die Logistik war vertreten durch Gabelstaplerfahrer Gustav. Mehmet Yilmaz aus der Endmontage klopfte Mecki, dem Instandhalter, der sich gerade die Seele aus dem Leib hustete, kräftig auf den Rücken. Ein junges Mädchen, das Nico nicht kannte, lehnte an der Wand. Sie betrachtete angelegentlich ihre Fingernägel.

„Kollegen", mit einem Blick auf die junge Frau, „liebe Kollegin", und mit einem „Hallo" zu Nico begann Gunnar: „Guten Morgen. Felix Ebeling fehlt zwar noch. Doch an Platz 27 hat es einen Kurzschluss gegeben, da muss er noch nach dem Rechten sehen. Aber wir fangen schon mal an."

Als alle saßen, begann er: „Ich begrüße Sie als Event-Leiter. Wir treffen uns heute das erste Mal zum 7-Wochen-Zyklus."

Und an die junge Frau gewandt: „Zu Ihrer Erklärung, das heißt, wir wollen das Event drei Wochen lang vernünftig vorbereiten, dann die Verbesserungen eine Woche lang umsetzen und die Ergebnisse drei Wochen lang nachbereiten und etablieren. Das Event-Thema ist die Teilebereitstellung."

„Und was soll Pinky dabei? Was hat die Marketingabteilung mit dem Bereitstellen von Teilen zu tun?", polterte Conradi dazwischen.

„Pinky?", fragte Nico.

Die Angesprochene wurde ein bisschen rot und sagte: „Das ist mein Spitzname, Herr Brunsmann", und ganz verschämt „weil ich die Farbe mag."

„Unübersehbar, oder ist ihr Pulli etwa grün", röhrte Gustav. Seiner Stimme war anzuhören, dass er mit einem Päckchen Zigaretten am Tag nicht auskam.

„Irgendwas in Pink hat sie jeden Tag an."

„Was glauben Sie denn, warum ich Fräulein Gerdes aus der Marketingabteilung, die Sie Pinky nennen, heute dazu gebeten habe?", fragte Gunnar jetzt Gustav.

„Weiß ich nicht, ich weiß nur, wir brauchen unbedingt mehr Stapler, was natürlich heißt, auch mehr Fahrer. Seit diese blödsinnige Neuerung mit den vielen kleinen Behältern eingeführt worden ist, fahren wir wie die Bekloppten durch die Gegend. Als es die Gitterboxen gab, war das entschieden weniger Aufwand. Die Kollegen maulen alle und haben die Schnauze ziemlich voll."

Mecki, den sie wegen seiner Stoppelfrisur und seiner Himmelfahrtsnase so nannten, knurrte: „Wenn es um Gabelstapler geht, bin ich wohl fehl am Platz. Was vertue ich hier meine Zeit. Ich hab genug anderes um die Ohren."

„Moment, Moment", ging Gunnar dazwischen. „Unser heutiges erstes Treffen dient dazu, das Team zu bilden und grundsätzliche Fragen zu stellen, wann wollen wir uns zusammensetzen, was wird wo stattfinden. Welche Aufgaben und Ziele werden anvisiert. Einfach nur zu nörgeln ist nicht der richtige Weg. Das bringt uns keinen Schritt weiter. Meine Frage wegen Fräulein Gerdes ist noch nicht beantwortet."

Er wartete, und als niemand etwas sagte: „Ich will es Ihnen erklären, warum sie dabei ist: Oft genug habe ich erlebt, wenn jemand von Abläufen keine Ahnung hat, stellt er Fragen, um zu begreifen, worum es geht. Ein Beispiel: Vor einiger Zeit habe ich einen der Lehrlinge aus dem Einkauf mitgenommen in die Vorfertigung. Da sollte er sich einmal von einem Arbeiter den Ablauf erklären lassen. Ihm fiel auf, dass an der Werkbank ein Hebel war, der den Arbeiter ständig zwang, auf die andere Seite der Werkbank zu treten, wenn er ein Blech einlegte. Auf die Frage, wozu der Hebel sei, hieß es, der würde manchmal für ein großes Stanzteil gebraucht.

‚Manchmal?' fragte der Junge zum Glück nach. ‚Wie oft?'

Dann hörte er, so ein bis zwei Mal im Jahr. ‚Kann man denn dann den Hebel nicht in der übrigen Zeit abmontieren und ihn nur, wenn er gebraucht wird, anschrauben?', war seine nächste Frage. Was glauben Sie, passierte danach?"

„Der Hebel wurde abgebaut und nur bei Bedarf angeschraubt",

antwortete Felix Ebeling, der jetzt eintrat und sich einen Stuhl heranzog. Gunnar nickte.

„Dann gehör' ich zum Team?", fragte Mecki, „mit Gustav, Conradi, Pinky, Mehmet und Felix?" Und an den Fingern zählte er ab, „sechs Mann also."

„Äh, du Spasti", zischte Pinky und versetzte ihm einen Rippenstoß.

„Pinky ist natürlich die Dame im Team, die auch dazugehört", lachte Gunnar. „Ebenso, wenn auch nicht ständig, Herr Brunsmann als Vertreter der formalen Macht. Conradi fungiert als Co-Leiter an meiner Seite, denn ich bin ja praktisch bereichsfremd, und Conradi verantwortet am Schluss die Ergebnisse."

Nico sah auf seine Uhr und sagte: „Nicht nur heute, sondern jedes Mal, wenn wir uns in den nächsten drei Wochen zusammensetzen, wollen wir das Treffen möglichst nicht länger als eine Stunde dauern lassen. Dadurch vermeiden wir, dass wir uns verzetteln."

Gunnar Voss nahm nun ein Blatt Papier und erklärte, dass auf diesem so genannten Event A3 neben bestimmten Fragen unter anderem festgehalten würde, wann die nächste Zusammenkunft sei. Sie einigten sich auf Mittwoch 11 Uhr.

„Da hat jeder zwei Tage Zeit, sich Gedanken zu machen, welche Aufgaben und Ziele ihm vorschweben, die bringen wir dann das nächste Mal zu Papier. Dass um 12 Uhr Mittagspause ist, wird uns bestimmt veranlassen, die Zeit von einer Stunde einzuhalten."

Nico stand auf, und es begann ein allgemeines Stühlerücken.

Pünktlich zwei Tage später saßen alle wieder zusammen.

„Wer möchte etwas vortragen?", fragte Gunnar und sah in die Runde. Mehmet Yilmaz hob die Hand.

„In der Endmontage ärgere ich mich darüber, ständig halbvolle Gitterboxen hin und herzuschieben. Dadurch kriege ich meine Prämie nicht, weil ich die ganze Zeit mit Suchen und Umsortieren beschäftigt bin. Ich muss am Tag eine bestimmte Anzahl von Pumpen bauen, das kann ich dadurch nicht schaffen. Mit dem Hubwagen rücke ich dauernd alles von rechts nach links und wieder zurück, um an die benötigten Teile zu kommen. Auch stehen Teile herum, die noch gar nicht gebraucht werden. Das nervt."

„Danke, Herr Yilmaz. Frage an Sie alle, wie haben Sie das Problem verstanden?"

„Dass man immer mal was umsortieren muss, ist ja wohl an der Tagesordnung", knurrte Mecki und schnaubte, „das muss man eben nebenbei machen."

„Nee, nee", fuhr Yilmaz dazwischen, „ich habe genaue Zeitvorgaben und kann nicht dauernd mit dem Hubwagen in Halle C laufen, um irgendeine Box zu holen."

„Wie oft passiert das denn", fragte jetzt Pinky.

„Is doch scheißegal, wie oft. Es nervt."

„Ja, was denn nun? Oft oder nur manchmal?"

„Oder womöglich nur einmal?"

Gunnar ließ sie eine ganze Zeit reden und die Stimmen wurden lauter und aufgeregter, keiner achtete auf ihn. Er begann mit einem Mal ganz leise zu sprechen und hob dabei die Hände: „Wir haben nun verschiedene Kommentare und Meinungen gehört, dass ...."

Plötzlich merkte Yilmaz, dass Gunnar sprach, sah ihn an und fragte: „Was ist denn nun?"

Jetzt wieder mit normal lauter Stimme antwortete der: „Definieren Sie jetzt bitte alle gemeinsam das Problem für den Kunden."

„Für den Kunden?" Der Elektriker sah ihn irritiert an.

„Ja, wenn Sie der Kunde wären, was hätten Sie dann zu meckern?" fragte Gunnar erneut.

„Ich kriege meine Pumpen nicht fertig, die bestellt sind, deshalb gehen sie nicht rechtzeitig raus", ließ sich Yilmaz vernehmen „und der Kunde ist sauer."

„Schreiben Sie mal auf", Gunnar drückte Pinky einen Stift in die Hand und die schrieb an ein Flip-Chart

PROBLEM: LIEFERVERZUG

„Das Problem muss doch ganz einfach zu lösen sein", meldete sich jetzt Gustav zu Wort. „Halt", rief Gunnar, „der erste Schritt heißt *nicht Lösung*, sondern: Was ist wirklich das *Problem*? Wir können nicht den zweiten Schritt vor dem ersten machen. Wir haben in der Vergangenheit schon viel zu häufig über Lösungen gesprochen, für die es gar kein Problem gab."

„Wenn ich ständig was hin und her schiebe und am Ende steht es wieder am gleichen Platz, ist das ja auch nicht wertschöpfend."

Die Stimme von Yilmaz klang jetzt weinerlich.

„Was ist denn nun wieder ‚nicht wertschöpfend'?", fragte Pinky und drehte eine Haarsträhne um ihren Zeigefinger.

„Bravo, Herr Yilmaz", Gunnar hob den Daumen.

„Gut aufgepasst. Nicht wertschöpfend, Fräulein Gerdes, ist jede Tätigkeit, die Kosten erhöht, ohne den Wert des Produktes für den Kunden zu steigern. Verstanden?"

Sie ließ die Locke vom Finger abrollen und antwortete schnippisch: „Ich würde das verplempern nennen, oder?"

„Sie haben schon Recht, Frau Gerdes. Aber ‚nicht-wertschöpfende' Tätigkeiten erscheinen im momentanen Zustand immer notwendig zu sein. Wenn ich, wie Herr Yilmaz beschreibt, eine Box haben will, die unter oder hinter anderen steht, dann MUSS ich die anderen nun mal zuerst wegräumen. Hilft alles nichts."

„Könnte man denn nicht einfach nur das hinstellen, was tatsächlich gebraucht wird?", fragte sie dann. „Immer zur richtigen Zeit?"

„Das wünscht Herr Yilmaz sich ja. Also, wie würden Sie jetzt das Problem definieren?"

Pinky kaute ein bisschen auf ihrer Unterlippe herum und schrieb dann:

- Teile werden nicht termingerecht bereitgestellt,
- Teile kommen zu früh,
- Teile kommen zu spät,
- Platz reicht nicht aus,
- Teile müssen weggeräumt werden,
- Teile müssen wieder geholt werden.

Gunnar sagte: „Das Problem ist jetzt benannt. Es geht darum, dass eine nicht zeitgerechte Bereitstellung der Teile an der Endmontage dazu führt, dass der Kunde unter Lieferverzögerung leiden muss. Können das jetzt alle unterschreiben? Ist das unser Problem?"

Allgemeines Nicken und zustimmendes Murmeln.

„Der Soll-Zustand, der erreicht werden muss: Am Endmontageplatz dürfen immer nur die Teile vorhanden sein, die gebraucht werden, und zwar in vollständiger Menge und gewünschter Qualität. Dann danke ich Ihnen und schließe die Sitzung." Gunnar gab Pinky einen Fotoapparat und forderte sie auf: „Fräulein Gerdes, bitte machen Sie noch ein Foto vom Flip-Chart und legen Sie es im Ordner ab. An alle anderen, wir sehen uns am nächsten Mittwoch an Platz 7 in Halle A, diesmal um neun Uhr."

Pinky kam an dem Tag als letzte. Sie huschte in ihrem rosa Flauschpullover zwischen die Männer in ihren blauen Overalls und zuckte zusammen, als am Ende der Halle laut gehämmert wurde.

Gunnar wartete einen Augenblick, bis es ruhiger war, ging dann auf Pinky zu und deutete auf ihre Füße, die in Riemchenschuhen steckten.

„Diese Ballettschühchen sind unserem Sicherheitsbeauftragten hier in der Halle bestimmt ein Dorn im Auge. Nächstes Mal besorgen Sie sich bitte was Robustes. Ich denke, auch in Ihrer Größe wird sich das Passende finden lassen."

„Aber bestimmt nicht in ihrer Lieblingsfarbe", frotzelte Gustav.

„Dafür macht ein Sicherheitsschuh in Schwarz einen schlanken Fuß", lachte Gunnar, „aber nun zum Thema. Warum sind wir heute wohl hier?"

„Um uns zu informieren, wie Pumpen gebaut werden?"

Pinkys Antwort glich mehr einer Frage, aber Gunnar nickte und erläuterte: „Wir überzeugen uns vom Ist-Zustand an diesem Arbeitsplatz und haben ja von Herrn Yilmaz gehört, dass der ganz und gar nicht zufrieden ist."

Gunnar reichte jetzt jedem ein Klemmbrett mit einem Block.

„Ich bitte Sie, sich in den nächsten anderthalb Stunden von Platz 7 bis Platz 12 umzuschauen und aufzuschreiben, was Ihnen auffällt. Die Kollegen, die hier arbeiten, sind informiert, dass Sie sich im Rahmen des Events vor Ort aufhalten. Herr Yilmaz, Sie bitte ich, zusätzlich Fotos zu machen. So alle paar Minuten. Bitte auch immer mal wieder von einem Standort, den Sie schon fotografiert hatten."

Damit drückte Gunnar Mehmet eine Digitalkamera in die Hand.

„Wir sehen uns um halb elf im kleinen Konferenzraum wieder."

Nach und nach trudelten alle ein, und Gunnar fragte als ersten Mecki, was er notiert hätte.

„Es steht und liegt viel herum, wie Mehmet schon gesagt hat."

„Der Bockkran war ganz hinten an Platz 12, als ein Kollege an 7 ihn gebraucht hätte. Der musste ziemlich lange warten, bis er seine Welle einbauen konnte", hörte man Gustav, „er hat sich dann inzwischen Ventile zusammengesucht und an einer anderen Pumpe gewerkelt."

„Einer von den Männern fing deswegen an zu meutern, weil die Ventile auf einmal ganz woanders standen. Wie so ein wildgewordener Stier ist der auf den anderen los. Ich dachte, der würgt den." Pinky schüttelte sich. „Ich hab' richtig Angst gekriegt."

Conradi sagte: „Die Wege für den Stapler sind zu schmal, wegen der Gitterboxen mit den Pumpendeckeln. Dauernd dozern die Fahrer dagegen."

„Ja, und die mit den gebogenen Rohren, müssen die denn alle so kreuz und quer stehen?", fragte Pinky.

Ihnen war aufgefallen, dass ein Arbeiter stur an seinem Platz stehen blieb, auch wenn er gerade auf die Weitergabe eines Teils wartete, ging er nicht seinen Kollegen zur Hand am Platz rechts oder links, um den Fortgang zu beschleunigen, wie es andere taten. Er sei Fräser und für Arbeiten an Platz 8 nicht zuständig, hatte er gesagt.

„Kalle suchte einen sieben Zoll Blindstopfen, war aber keiner zu finden", schaltete sich jetzt Mecki wieder ein. „Deswegen musste er die Pumpe zur Seite stellen und an 9 ging es mit der nicht weiter."

„Mir fiel auf, eine große Pumpe, die aussah, als wäre sie komplett montiert, stand an der linken Seite", sagte jetzt Felix Ebeling, der bisher nur als stiller Beobachter fungiert hatte, „die nahm den meisten Platz weg."

„Ja, die SV 70 geht in den Iran, und der Kunde will beim Endtest dabei sein. Es gibt Schwierigkeiten mit seinem Visum, soviel ich weiß. Wir haben sie erst mal da stehen lassen", erklärte Conradi.

Gunnar war begeistert, was alles beobachtet und notiert worden war. Schließlich schob er die Speicherkarte mit den Fotos ein.

Sie sahen, dass eine der Boxen mit Flanschen fast ein Dutzend

Mal hin und her geschoben worden war. Der Arbeiter, den Mecki Kalle genannt hatte, telefonierte mehrmals. Der Kran stand mal an Platz 7, mal an Platz 10. Bei einem Arbeiter sah es aus, als würde er an einem halben Dutzend Pumpen gleichzeitig arbeiten. Zwei Männer hoben eine Kiste hoch und entnahmen etwas, stapelten sie auf einem anderen Foto auf eine zweite, die beim nächsten Bild neben der fertigen Pumpe stand und ganz offensichtlich den Weg für den Stapler versperrte. Dass es sich immer um dieselbe Kiste handelte, sah man an einem aufgemalten weißen Kreuz. Einer schlitzte mit einem Messer ein Paket mit Flanschen auf, die in Plastik eingeschweißt waren. Das war anscheinend nicht ohne Verletzung abgegangen, denn auf dem nächsten Foto hielt er grinsend den linken Zeigefinger hoch, um den er sein blutiges Taschentuch gewickelt hatte.

„Wäre viel besser, wenn die Dinger nicht eingeschweißt wären, das hält nur auf", knurrte Yilmaz.

„Na, wenigstens lacht der Mann noch. Alles sehr gut beobachtet", rief Gunnar. „Wir treffen uns übermorgen um 11 Uhr wieder hier und besprechen, was man in Angriff nehmen muss."

„Aufräumen!", krähte Pinky und schlug sich die Hand vor den Mund, als Gunnar sagte: „Nicht so vorlaut, mein Fräulein."

„Den Ist-Zustand haben Sie vorgestern zu Papier gebracht, und die Fotos von Herrn Yilmaz unterstreichen viele Ihrer Beobachtungen sehr eindrucksvoll", eröffnete Gunnar die nächste Zusammenkunft.

„Ja, auch ich war beeindruckt", sagte Nico, der heute die Runde wieder komplettierte.

„Immer wieder habe ich von Ihnen die Worte gehört: Ganz oft, ziemlich lange, mehrmals, ab und zu, ständig bei den einzelnen Arbeitsgängen", fuhr Gunnar jetzt fort. „Bitte versuchen Sie mal eine genaue Zeit bei einem Vorgang zu nennen, den Sie notiert haben. Zum Beispiel, wie lange der Blindstopfen gesucht wurde. Oder Sie reflektieren, welche Wege ein Arbeiter zurückgelegt hat und errechnen die Meter."

Pinky riss erschrocken die Augen auf.

„Ungefähr wenigstens, Frau Gerdes. Es kommt nicht auf ein

paar Zentimeter an, aber es hieß ja, manchmal ging jemand umsonst, weil zum Beispiel der Kran noch nicht frei war. So summiert sich Zeit, in der nicht gearbeitet wird."

Die Köpfe beugten sich über die Notizen.

Conradi sprach dann etwas aus, das alle verwunderte.

„Bei den Fotos ist mir was aufgefallen! Ich habe mir das mal notiert. Mecki sagte ja, Kalle habe einen passenden Blindstopfen gesucht. Mehmet hat Kalle wohl besonders fotogen gefunden, denn er hat ja eine regelrechte Serie von ihm geknipst."

Conradi grinste. Yilmaz zog nur die Schultern bis zu den Ohren hoch und sagte nichts.

„An dem Pfeiler an Kalles Platz hängt ja zufällig 'ne Uhr. Die Pumpe ist auch gut zu sehen. Es war fünf nach neun auf dem ersten Foto. Kalle kramt nach dem Stopfen. Auf dem nächsten sieht man ihn in einer anderen Box suchen. Dann fragt er anscheinend Guido am nächsten Platz, ob der ihm aushelfen kann. Zurück, wirft er noch einen Blick in die erste Box, wühlt wieder darin. Die Uhr zeigt zwanzig nach neun. Dann telefoniert er. Ich schätze, er ruft im Einkauf an, damit die im Computer nachsehen, ob überhaupt noch die Sorte Stopfen da ist, die er braucht. Um viertel vor zehn hat er das Telefon wieder am Ohr. Vielleicht war Huber vom Einkauf zum zweiten Frühstück in der Kantine oder zum Klo und Kalle kriegt erst jetzt eine Antwort. Ihr kennt ja Huber, der arbeitet wie 'ne Stechuhr!"

Gustav nickte bedächtig mit dem Kopf und verzog den Mund.

„Anscheinend hat Kalle jetzt erst mal aufgegeben, die Pumpe kann er nicht weiter bearbeiten, er ist nicht an seinem Platz, als die Uhr zehn vor elf zeigt, telefoniert er wieder. Was nun dabei rausgekommen ist, weiß ich nicht. Jedenfalls konnte Kalle in der Zeit von 9.05 Uhr bis 10.50 Uhr nicht an seiner Pumpe arbeiten."

„Das ist glatt eine Stunde und fünfundvierzig Minuten!", schaltete sich jetzt Gunnar ein. „Das alles muss unser Kunde bezahlen und erhält keine Leistung dafür."

„Kleine Ursache, große Wirkung", murmelte Ebeling, „und nur, weil der Blindstopfen nicht da war."

Im Konferenzraum zog Gunnar auf dem Flip-Chart eine waagerechte Linie, auf der er mit senkrechten Strichen den Wertschöpfungsanteil in Minuten darstellte. Er addierte die Minuten, in denen Kalle tatsächlich gearbeitet hatte, wobei die erschreckende Zahl von zehneinhalb Minuten herauskam, was bedeutete, nur zehn Prozent der Zeit wurde tatsächlich an der Pumpe gearbeitet, also neunzig Prozent verschwendet. Gunnar fasste die Fakten am Flip-Chart nochmals zusammen:

Ist Zustand:

- 90% Verschwendung
- Hohe Suchzeiten > 50% der Arbeitszeit
- Zu große Behälter an den Arbeitsplätzen (Gitterboxen)
- Zu große Stückzahl an den Arbeitsplätzen (durchschnittlich 20 St.)
- (WIP – sog. Work in Process)
- 12 Mitarbeiter arbeiten (teilweise) für Teilebereitstellung
- Versperrte Fahrwege
- Keine klaren Anliefer- bzw. Abholzonen

„Das erfassen wir jetzt im A3-Bogen. Hier kann ich übrigens noch mal zum allgemeinen Verständnis auf das A3 eingehen. Es ist ein Problemlösungsblatt, das bremst, wenn man zu schnell eine Lösung finden will. Man muss immer wieder prüfen, ob es nicht eine noch bessere gibt. Es hilft zu analysieren, warum Lösung B Lösung A vorzuziehen ist. Die wichtige Frage lautet immer: Wie geht es denn noch? Daran haben wir heute gearbeitet. Es geht bei dem A3 viel weniger darum, etwas zu dokumentieren, sondern sich immer wieder selbst in Frage zu stellen und Klarheit zu schaffen. Das gelingt schriftlich ja bekanntlich immer besser als wenn man nur schwätzt. Ach, was mir noch einfällt, Herr Ebeling, schauen Sie doch mal, ob es einen Plan von der Abteilung gibt.“

„Na klar“, sagte Conradi, „den Fluchtwegeplan. Der hängt da vorne am Pfeiler.“

„Prima, den fotokopieren oder scannen wir und Sie skizzieren darauf, wie es zur Zeit hier aussieht.“

„Diese Wühlerei in den Boxen ist wirklich ätzend“, war jetzt noch einmal Conradi zu hören. „Warum können die Stopfen zum Beispiel nicht nach Größen geordnet in Behältern liegen?“

„Vielleicht am besten in durchsichtigen“, schlug Pinky vor.

„Meine Oma hat ihre Nähseide so nach Farben sortiert. Sie ist Schneiderin."

„Wunderbar." Gunnar klopfte ihr auf die Schulter.

„An der Wand wäre Platz für ein Regal", klinkte sich Mecki ins Gespräch ein, „dann die Kästen nach Größe der Stopfen platzieren."

„Gut wäre ein etwas tieferes Regal, in das zwei Kästen hintereinander passen. Wenigstens die gängigen Stopfen", fügte Yilmaz an, als er Conradis skeptisches Gesicht sah.

„So kann man im Einkauf gleich Bescheid sagen, wenn der zweite Kasten in Angriff genommen wird."

„Ich hätte viel weniger mit Herumkurven zu tun, wenn Schäferkisten auf Rollwagen stünden. Dann müsste ich nicht dauernd Gitterboxen mit dem Stapler von A nach B schieben, wo es hier so eng ist und ich wenig Hoffnung habe, dass sich das ändert."

Gustav sah sich nach Antwort heischend um.

„Was sind denn nun wieder Schäferkisten?", jammerte Pinky.

„Eigentlich ist die richtige Bezeichnung dafür KLT", erklärte Gunnar, „Kleinladungsträger. Aber jeder weiß, was gemeint ist, auch wenn so eine Kiste nicht von der Firma Schäfer hergestellt wurde."

„Egal, was du zum Reinschnaufen benutzt, du sagst ja auch immer Tempo", ergänzte Mecki.

„Herr Conradi, wie sieht es aus? Wo können wir die fertige Pumpe zwischenlagern und einen Teil der Materialien, um hier Platz zu schaffen?" Gunnar sah den Meister erwartungsvoll an und fuhr fort: „Ich denke, wenn wir einen Rollwagen mit den Materialien, die gebraucht werden, rechts neben der Werkbank platzieren und an der anderen Seite einen für die fertige Pumpe, sind wir einen großen Schritt weiter. Ist der rechte leer, kann der Logistiker den nächsten heranschieben. Man spricht in dem Fall von visuellem Management. Herr Ebeling, holen Sie doch bitte mal die Europalette von dahinten, wir legen sie links neben die Werkbank auf den Boden und Simsalabim, ich sag' jetzt auch einfach Pinky zu Ihnen, habe ich zufällig ein Stück Kreide in der Tasche, damit ummalen sie die Palette."

„Weiße Kreide ist ja langweilig. Rosa würde doch viel schöner aussehen", kicherte Pinky und bemühte sich, ordentliche Striche zu ziehen.

„Vielleicht bewilligt dir die Firma ja Schäferkisten in deiner Lieblingsfarbe."

„Womöglich noch mit Schleifchen!"

Alle lachten.

„So", Gunnar klatschte in die Hände. „Genug gescherzt. Wir setzen uns im Konferenzraum noch mal kurz zusammen!"

Dort schlug er vor, auf dem Fluchtwegeplan die genaue Platzierung der Rollwagen, Werkbänke und Regale einzuzeichnen. Genauso verfuhren sie auch auf den Bereitstellungsflächen, auf denen die Pumpen und eine Anzahl von Teilen bis zur Abholung lagerten.

„Für manche brauchen wir dann aber einen Schwerlastrollwagen", gab Mecki zu bedenken.

„Ab sofort werde ich abends die Kommissionierliste für den nächsten Tag auslegen, eventuell auch für den übernächsten, je nach Pumpenlage, und ich schlage vor, Gustav oder ein anderer Logistiker bestückt Platz 7 mit der auftragsgenauen Bereitstellung."

„Und wer macht das, wenn du mal nicht da bist?"

„Ich glaube, Kalle wäre der geeignete Mann", schlug Conradi vor. „Der Einsatz des Krans muss zusätzlich bei Großpumpen drei Tage im Voraus geplant werden. Zudem ist ein tagesgenauer Plan zu berechnen, weil auch immer Nacharbeiten nötig sein können. Manchmal sind ja drei oder vier Überprüfungen fällig, verbunden mit ständigen Platzwechseln."

Mehmet Yilmaz nickte und sagte: „Bei acht Stunden Bau kann man fast immer von zwei Stunden Nacharbeit ausgehen. Da muss noch mal geschliffen werden oder nach der ersten Dichtungsprüfung ist was zu fräsen. Gerade die unvorhergesehenen Dinge bringen alles durcheinander, und meist ist der Kran dann ganz woanders."

„Um noch einmal auf das visuelle Management zu kommen", schaltete sich Gunnar ein, „immer wenn kein Wagen mehr an der Seite Anlieferung steht, muss die Logistik den nächsten bringen. Ganz einfach, oder? Jetzt notiere ich abschließend auf dem Flip-Chart den Soll-Zustand:

- < 40 % Verschwendung
- Keine Suchzeiten mehr
- Keine Gitterboxen an den Arbeitsplätzen (nur KLT)
- Auftragsgenaue Stückzahl an den Arbeitsplätzen max. 5
- Kommissionierung an Arbeitsplatz 7
- 2 Mitarbeiter arbeiten für Teilebereitstellung
- Jederzeit freie Fahrwege
- Klar gekennzeichnete Anliefer- bzw. Abholzonen
- Handvorrat Blindstopfen in Klarsichtbehältern

„Pinky, Sie tippen das bitte ab – alle unterschreiben, und wir hängen es an Platz 7 auf. Nun gilt noch zu klären, wer kümmert sich wann um was?"

Conradi bot an, sich unverzüglich im Einkauf schlau zu machen bezüglich der KLTs, welche Größen passend wären. Mecki wollte gegen Schichtende die Flächen ausmessen und markieren, Mehmet Yilmaz die durchschnittlich bereitzustellenden Teile und das Maximalgewicht der Pumpe berechnen, die ein Rollwagen tragen konnte. Schwerere wurden ja vom Kran gehoben.

„Wäre es für die Lehrwerkstatt nicht eine tolle Sache, so einen Rollwagen für die Kommissionierung zu bauen?", fiel Yilmaz dann noch ein. „Sie könnten sich doch mal an einem Prototypen versuchen."

Pinky erhielt den internen Auftrag, Transportanweisungen für weiterführende Arbeitsschritte, wie Montage 10 + 11 oder Druckprüfung, Prüffeld und andere aufzuschreiben, damit deutlich wurde, wie der fortlaufende Weg der Pumpe war.

So beschlossen sie es und jeder machte sich an die Arbeit.

In der vierten Woche des Events wurde probeweise auf die neue Visualisierung umgestellt.

Am Montag räumten sie um sechs Uhr Platz 7 komplett. Ebeling hatte alle elektrischen Anschlüsse stillgelegt. Die im Weg stehende Pumpe war in eine Halle gegenüber gebracht worden, der Fußboden gereinigt und mit Kunstharzfarbe gestrichen.

Am Dienstag markierte Mecki die Flächen, die sie ausgemessen hatten, mit Sprühfarbe. Yilmaz war tatsächlich bei den Lehrlingen auf große Begeisterung gestoßen, als sie hörten, einen Prototypen zu bauen. An einen alten Rollwagen schweißten sie eine Anhängevorrichtung, damit Gustav ihn transportieren konnte, und waren jetzt dabei, den zweiten in Angriff zu nehmen, der am nächsten Tag fertig sein sollte.

Pinky laminierte noch schnell die Laufzettel für die Arbeitsgänge.

Das Regal mit den Blindstopfen hing an der Wand. Es war sogar noch ein Platz gefunden worden für einen Schrank mit Reinigungsmitteln. An einer Stange an Kalles Werkbank hingen drehbare Kästen mit Kleinteilen wie Schrauben, Muttern und Unterlegplatten. Vorher hatten sie übereinander gestapelt gestanden. Conradi stellte die Kommissionierungsliste in doppelter Ausführung für sich und den Logistiker für den nächsten Tag zusammen, und Kalles Arbeitsplatz wurde wieder eingerichtet. Die Wellen lagerten jetzt auf Rollpaletten und ließen sich dadurch besser schieben.

Am Mittwochmorgen bestückte Gustav die KLTs im Beisein des Teams, und sie überlegten gemeinsam, welche Größe für welche Materialien die besten wären. Dann legte Kalle los. Pinky sollte nicht von seiner Seite weichen und notieren, wenn etwas fehlte oder Kalle etwas auffiele.

Dass kein Wickelfilz da war, verursachte den ersten unnötigen Halt. Den hatte Kalle immer unter der Werkbank in einem Karton gehabt, und durch die Räumerei war er nicht wieder da gelandet.

„Der muss in der Stückliste nicht aufgeführt werden, da findet sich ein Dauerplatz", schlug Kalle vor. „Genauso habe ich die Handbücher für die Manometer in der Schublade, wenn sie nicht Deutsch sein sollen, sondern in Englisch, Arabisch oder," mit einem Seitenblick auf Pinky, „in Kiessuaheli." Die sah ihn erstaunt an.

Um zwei Uhr war die erste Pumpe fertig zum Abtransport. Das Team diskutierte, wie es am besten funktionieren würde, dass Gustav aufmerksam gemacht wurde, um die Pumpe weiterzutransportieren. War ein Signalton besser oder ein Lichtzeichen?

Donnerstagmorgen gab es ein Fach für den Wickelfilz im Regal mit den Stopfen, und Kalle freute sich, weil er sich nicht mehr bücken musste.

„Wenn ich noch was wünschen dürfte", meinte Gustav, „wäre es toll, wenn an dem Kommissionierwagen eine Vorrichtung für senkrechte Teile angeschweißt würde."

Die Lehrlingswerkstatt meinte: „Das ist eine unserer leichtesten Übungen. Wir sind gerade dabei, noch zwei Wagen zu bauen."

Gunnar fotografierte inzwischen Kalles Arbeitsplatz, die Wand mit den Regalen, die KLTs, die Wagen.

Am Donnerstag kam es zu einer kleinen Unstimmigkeit in der Stückliste, weil es in der Konstruktion eine Änderung gegeben hatte. Das Team hatte sich inzwischen für die KLTs entschieden, die am geeignetsten waren und löste eine Bestellung im Einkauf aus. Mittags waren noch zwei weitere Wagen da und sie testeten, ob drei gleichzeitig am Stapler hängen konnten. Gustav war hellauf begeistert, weil die Lehrlinge bereits vorausschauend zwei Lenkachsen eingebaut hatten, wodurch es bei Kurvenfahrten kein Problem gab.

Am Nachmittag schließlich wurde Nico das Ergebnis vorgeführt und mit Hilfe des A3 die Bereitstellungs- und Reinigungsroutine erklärt. Nico staunte, wie viel Platz auf einmal vorhanden war und wie ordentlich alles aussah.

„Herrschaften, alle mal herhören! Heute Abend schmeiße ich eine Runde Pizza für das Team zum Dank für die gute Arbeit."

Auch Gunnar bedankte sich bei der Mannschaft und meinte: „Wenn ich einen Blick auf die Plätze 8 und 9 werfe, kommt es mir vor, als ob da auch schon Hand angelegt worden ist, was Ordnung und Sauberkeit betrifft."

Freitag um 14.30 Uhr lehnte Kalle gelangweilt an seiner Werkbank, weil er drei Pumpen gebaut hatte und Material für die nächste fehlte. Der Zeitaufwand hatte sich gravierend geändert. Zwischendurch war er sogar immer mal wieder in der Konstruktion gewesen, weil die Stücklisten nicht vollständig waren. Bisher hatte ihn nicht gestört, dass bestimmte zöllige Schrauben automatisch von ihm zusammengesucht worden waren, oder auch mal ein Hydraulikanschluss. Jetzt aber fand Kalle, sollte alles, aber auch alles, mit dem Abschluss des Events in Zukunft seine Richtigkeit haben.

Faktisch als ‚Sahnehäubchen' sollten nun die Erkenntnisse aus dem Event noch publik gemacht werden. Alle Abteilungen erhielten eine Einladung, sich davon zu überzeugen, was es gebracht hatte, sich intensiv um Dinge zu kümmern, die im Argen lagen. Nicht nur Kalle strahlte wie ein Honigkuchenpferd, als er eifrig den Kollegen die Änderungen erklärte. Gustav, Mecki und Pinky, die Yilmaz grinsend zur Event-Queen erklärte, wurden nicht müde, Fragen zu beantworten. Anerkennend reckte Gunnar Voss den Daumen nach oben.

In der fünften Woche verstärkten die Nachbarplätze ihre Bemühungen, freie Wege zu schaffen. Gunnar schärfte Kalle ein, keinen Fehler an seinem Platz durchgehen zu lassen. Er machte ein Foto von Kalle, wie er mit ausgestrecktem Arm auf die neue Regalwand mit den in Reih und Glied stehenden Stopfen deutete. In Großaufnahme hing es am nächsten Tag in der Kantine mit der Überschrift: Test Teilebereitstellung. Die Lehrlingswerkstatt schweißte noch drei weitere Wagen.

Peter Leonhard beschwerte sich in der sechsten Woche bei Nico.

„Langsam hängt mir zum Hals raus, dass hier dauernd einer angelatscht kommt wegen fehlerhafter Stücklisten."

„Und wie können wir das ändern?", fragte Nico.

Gunnar schlug vor: „Wir sperren die Zeichnungen von fehlerhaften Stücklisten und ändern sie, wenn wieder für die gleiche Pumpe ein Auftrag vorliegt."

Ein Standardarbeitsblatt, auf dem die Regeln standen, wer wann welche Aufgaben hatte und Reinigungspläne hingen in der siebten Woche an Kalles und an Gustavs Platz und ebenso bei Conradi. Immer wieder überprüfte Gunnar, ob die Vorgaben eingehalten wurden. Er beschloss, Nico vorzuschlagen, ein neues Event an Platz 8 bis 10 zu machen. In seinem Abschlussbericht stellte Gunnar die Zustände vor und nach dem Event gegenüber.

- Durchlaufzeitreduzierung um 30 %
- Nochmal 20 % möglich, bei Ausdehnung auf den gesamten Bereich
- Platzgewinn von ca. 50 m²

- Mehr Übersicht über die Teile im Lager
- Weniger Wartung an den Staplern
- Geringere Unfallgefahr
- Bessere Ergonomie
- Entlastung für die Logistik

Weil jetzt schon gute Vorarbeit geleistet wurde, müssten mit erheblich geringeren Kosten Maßnahmen für die Plätze 8-10 finanzierbar sein, dachte Gunnar. Die Gesamtdurchlaufzeit könnte im besten Fall halbiert werden. Das bedeutete:

- Lieferzeitreduzierung um eine Woche
- Vorteil der Konkurrenz gegenüber
- Argument zugunsten des Vertriebs
- Umsatzsteigerung

Die Fotos, die Yilmaz zu Beginn geschossen hatte, hängte Gunnar in Schwarz-weiß auf, daneben die Schnappschüsse, die nach dem Event gemacht wurden in Farbe und ein wenig größer. Das Team setzte sich ein letztes Mal zusammen und notierte dazu: Was haben wir geschafft, was haben wir gelernt? Auch diese Kommentare wurden aufgehängt.

„Ich würde Ihnen gerne vor Ort mal ein Beispiel vorführen, was zu einer bedeutenden Veränderung der Arbeitssituation beigetragen hat. Vor allem auch dazu, dass unsere Pumpen schneller beim Kunden eintreffen. Ein Team hat das mit Begeisterung in Angriff genommen", sagte Nico an einem der nächsten Dienstage zu Theo Stolzky.

„Da bin ich gespannt. Ich muss allerdings sagen, ich habe schon was läuten hören. Frau Berger hält mich ja aus alter Treue immer auf dem Laufenden", schmunzelte Stolzky und griff nach seiner grünen Strickjacke.

14

Anette fuhr sich noch einmal schnell mit dem Stift über die Lippen, richtete mit beiden Händen ihr Haar, warf einen letzten Blick in den Spiegel, als es auch schon an der Tür klingelte.

„Ich komme runter", rief sie über das Geländer gebeugt, und Gunnar hörte, wie die Wohnungstür im ersten Stock klappte.

„Pünktlich wie die Maurer", lachte die Lehrerin und strahlte Gunnar an.

„Toll siehst du aus. Hat Madame heute etwas Besonderes vor?", frotzelte er, und seine Augen umgarnten ihren Körper. Zum giftgrünen Kleid mit einem Dekolleté, das Gunnar Lust auf den späteren Abend machte, trug sie Pumps und Tasche in der gleichen Farbe.

„Der oberste Boss, ein gewisser Aku Hu, Hu ... Ich kann mir den Namen nicht merken, lädt zum Barbecue ein, und da er ja einen jungen aufstrebenden Konstrukteur in seinen Reihen weiß, ist der auch eingeladen, nebst Anhang."

Sie machte einen Kleinmädchenknicks.

„Der Anhang wird ihm sofort ins Auge fallen, wobei er den Konstrukteur in seinem Betrieb wohl noch nie so recht wahrgenommen hat, glaube ich. Denn – hätte ich mich nicht beim Schulausflug um seinen Sohn gekümmert und außerdem seine Frau näher kennengelernt, wäre mir die Ehre, eingeladen zu werden, bestimmt nicht zuteil geworden."

„Na, dann mal los. Schluss mit den salbungsvollen Reden und dem Rumgealbere, sonst kommen wir noch zu spät. Eine deutsche Tugend ist doch Pünktlichkeit. Wir wollen Mister China ja nicht enttäuschen und vor allem dich mal im Lauf des Abends ins rechte Licht setzen."

Einen Parkplatz in der Marcusallee zu finden, war gar nicht so einfach. Als Gunnar und Anette schließlich durch das Gartentor traten, standen schon mindestens fünfzig, sechzig Leute in kleinen Gruppen auf dem Rasen hinter dem Haus beisammen.

„Darum haben wir so lange nach einem Parkplatz gesucht. Die halbe Stadt ist ja hier versammelt", staunte Anette.

Im Nu waren sie mit einem Glas Prosecco versorgt, und Gunnar sah sich nach den Gastgebern um.

„Hello, Mrs. Holm, Mister Voss!"

Mit ausgebreiteten Armen eilte Pamela auf sie zu und schüttelte ihnen die Hand.

„Sorry. Ihre Name ist so lang. Ich kann nicht merken. Darf ich sagen nur Holm?"

Anette lachte und antwortete: „Aber natürlich. Oder auch einfach Anette. Danke für die Einladung. Ich freue mich. Wir freuen uns."

Akuma Hu Liang schlenderte nun auch heran in dunkler Hose und einem gerade geschnittenen blauen Kasack, der an eine Mao-Uniform erinnerte und ihn sehr viel fremder wirken ließ, als Gunnar ihn kannte. Seine Frau stellte ihm die Klassenlehrerin vor.

„Akuma, she is David's teacher, Anette Holm and Mister Voss, already you know."

„Willkommen, Frau Holm", und an Gunnar gewandt: „Ich freue mich, dass Sie sich so um David gekümmert haben. Danke dafür."

Anette war erstaunt, welch ein akzentfreies Deutsch ihr Gastgeber sprach.

„Wo haben Sie so perfekt Deutsch gelernt?"

„Ich habe in St. Gallen studiert, hatte aber in Shanghai zeitweise schon deutsche Kindermädchen. Da schnappt man so einiges auf."

Er hob sein Glas. Schon kamen neue Gäste, und das Ehepaar verabschiedete sich, um Theo Stolzky und seine Frau zu begrüßen.

„Später können wir noch sprechen", versprach er.

„Na, dann will ich mal schauen, wer sich hier noch so herumtreibt und dir den einen oder anderen vorstellen. Die Chefetage aus dem Betrieb wird sicher vertreten sein."

Damit nahm Gunnar Anette an die Hand und sah sich um.

„Da vorne, der im Cordanzug mit Brille, ist Peter Leonhardt, mein Chef im Konstruktionsbüro. Ich staune, im Büro läuft er immer mit einer grauen Knitterhose rum. Es wundert mich, dass er noch eine andere Hose hat. Mit dem er spricht ist Mendel, unser kaufmännischer Direktor. Daneben Nico Brunsmann, wie immer tadellos in Anzug und Krawatte. Ich habe den noch nie anders gesehen. Sie wird seine Frau sein, nehme ich an. Brunsmann ist unser technischer Geschäftsführer und derjenige, der sich für die ganzen Schulungen im Betrieb stark macht. Zum Glück für mich, weil wir dieselben Ideen vertreten. Vielleicht ist es ja gut, sich hier mal in ganz privater Atmosphäre über ein paar Dinge zu unterhalten, die verbesserungswürdig sind."

Anette verdrehte die Augen und seufzte: „Dann bin ich wohl abgemeldet, hoffentlich finde ich ein paar nette Leute zum Quatschen, damit der Abend nicht zu öde wird. Komm, lass uns doch erst mal durch den Garten gehen. Am Haus bin ich schon einige Male vorbeigefahren. Ich hätte nicht gedacht, dass dahinter noch ein so großes Grundstück mit so vielen Bäumen, Sträuchern und Blumen ist."

Sie schlenderten eine Weile herum, bewunderten gepflegte Rosenbeete, riesige Rhododendronbüsche, setzten sich kurz an einem kleinen Teich auf eine Bank.

„Die haben doch bestimmt einen Gärtner. Guck dir mal den Rasen an. Kein Unkräutchen weit und breit. Aber ich glaube", Anette hob schnuppernd die Nase, „der Grill ist angeworfen worden. Es riecht schon ziemlich nahrhaft."

Die ersten Gäste hatten schon die Stehtische erobert und ließen es sich schmecken. Gunnar Voss steuerte auf den zu, an dem Nico Brunsmann mit seiner Frau stand.

„Hallo, ist hier noch ein Plätzchen frei? Dürfen wir?"

Er stellte seinen Teller ab und deutete auf Anette.

„Frau Holm-Schwerdtfeger, meine Freundin und die Klassenlehrerin von David Liang und meinem Sohn Jannis. Die beiden Jungen gehen in dieselbe Klasse."

Man plauderte eine Weile über das Wetter, den schönen Garten und das exzellent gebratene Fleisch.

„Den Amis macht so schnell keiner was vor, wenn es ums Grillen geht. Die Frau vom Boss hatte als Amerikanerin sicher die Idee mit dem Barbecue", stieß Gunnar zwischen zwei Bissen hervor, und Anette sagte: „Mein Tipp war ja Sushi, ich bin aber froh, dass es keinen rohen Fisch gibt."

„In den Staaten veranstalten sie ja regelrechte Barbecue-Meisterschaften, soviel ich weiß, Championships mit mehr als 10.000

Besuchern am Wochenende. Da geht es auch um viel Geld für die Besten", klinkte sich jetzt Jessica ins Gespräch ein.

„Große Klasse das Fleisch. Schade, dass ich schon satt bin", stöhnte Gunnar.

„Von einem Freund in den USA wissen wir", fuhr Jessica fort, „sie nehmen nur Fleisch, das marmoriert ist, nicht zu fett und nicht zu mager darf es sein und schneiden es auf eine besondere Weise viel dicker als wir es tun. Das beste Steak meines Lebens habe ich bei diesem Freund gegessen. Nur mit Salz gewürzt ohne irgendeine Soße oder großes Brimborium drum herum. Mhh", sie verdrehte genüsslich die Augen.

„Ich glaube, die Rindersorte ist außerdem ausschlaggebend. Solche Viecher gibt es in Deutschland oder vielleicht sogar in Europa gar nicht", meinte Nico nun und wandte sich Gunnar zu.

„Ich schlage vor, Sie berichten Liang mal, wie es mit dem Event gelaufen ist. Ich sehe ihn gerade kommen."

Gunnar nickte. „Der Anfang ist gemacht. Das Problem wurde definiert, und jetzt geht es daran, die Hindernisse aus dem Weg zu räumen, die uns davon abhalten, eine Lösung zu finden und umzusetzen. Interessant fand ich, dass die Leute immer wieder Schwierigkeiten haben zu sagen, was das Problem ist. Sie präsentieren einem ständig die Lösung. Gar nicht so einfach, sie zu überzeugen, dass wir in eine Umsetzungsfalle tappen, wenn der zweite Schritt vor dem ersten gemacht wird."

Jessica gab Anette ein Zeichen.

„Wollen wir uns aus dem Staub machen?"

Die stimmte sofort zu.

„Ich könnte mal die Luft aus meinem Glas lassen. Ein netter kleiner Drink wäre jetzt nicht zu verachten."

„Dann bis später."

Als Liang mit ein paar Flaschen Bier im Gepäck an ihren Tisch trat, palaverten Nico und Gunnar immer noch miteinander, wobei Gunnar gerade mit Händen und Füßen redete.

„Dieser Goldratt beschreibt in seinem Roman, wie ein gewisser Alex Rogo von seinem früheren Mathedozenten auf eine Fährte geschickt wird – eine ganz ungewöhnliche Fährte –, um seine Fabrik profitabler zu machen. Dabei hat dieser Wissenschaftler nie vorher in der freien Wirtschaft gearbeitet und ...", hörte Liang Gunnar Voss sagen.

Er stellte die Flaschen auf den Tisch.

„Cheers! Herr Voss, ich möchte Ihnen noch mal danken."

Er legte ihm die Hand auf die Schulter.

„Pamela war so glücklich und erleichtert, als Sie geholfen haben und David ins Hospital brachten."

„Ich wusste ja gar nicht, dass Sie so ein Samariter sind. Was ist denn passiert?"

Nico sah Gunnar und Liang abwechselnd an.

Gunnar erklärte es ihm und Nico fragte dann: „Weißt du eigentlich, Akuma, dass Gunnar Voss mich außerordentlich unterstützt? Dazu kommt er bei den Kollegen sehr gut an, wenn er Events leitet."

„Na ja", Gunnar rieb sein Kinn zwischen Daumen und Zeigefinger, wie er es immer tat, wenn er sich unbehaglich fühlte.

„Ich bin ja auch schon ein paar Jährchen in der Firma, da kennt man sich. Man weiß, wie man die Leute nehmen muss und wie der Hase läuft."

„Stellen Sie mal Ihr Licht nicht unter den Scheffel, mein Lieber."

Jetzt war es an Liang, erstaunt zu gucken.

„Als Chinese ist man es gewohnt, Lob abzuwimmeln. Bei Euch in Deutschland ist das eher ungewöhnlich. Und schlaue Sprüche gibt es ja für jede Gelegenheit."

Er warf in gespieltem Entsetzen die Arme in die Luft.

„Was bedeutet es, *wie der Hase läuft*, und *das Licht unter dem Scheffel*?"

Die beiden lachten, und Nico erklärte: „Es bedeutet, jemand kennt sich aus, und er ist zu bescheiden, es zuzugeben. Aber ich sehe, meine Frau steht da hinten allein. Erzählen Sie Herrn Liang doch einfach mal, Gunnar, wie Sie das letzte Event gestaltet haben."

Und an Akuma gewandt: „Du maulst bei mir ja immer, ich würde Zeit verschwenden. Hör dir an, wie Gunnar darüber denkt. Ich lass euch jetzt mal allein."

Liang konnte fast nicht so schnell zuhören, wie es aus Gunnar heraussprudelte.

„Anfangs bei einem Event muss man immer versuchen, die Skepsis der Leute abzubauen. Meist heißt es erst mal ‚ja, aber!'"

„Da gibt es ein passendes chinesisches Sprichwort: Nicht der Wind bestimmt die Richtung, sondern das Segel!"

Gunnar musste ein Schmunzeln unterdrücken. Der Tick Liangs, ein Sprichwort für jede Gelegenheit parat zu haben, amüsierte inzwischen den ganzen Betrieb.

„Wenn man aber die ersten auf seiner Seite hat, wollen die anderen auch nicht zurückstehen oder gar Spielverderber sein", fuhr er fort. „Ich war begeistert vom letzten Team, mit dem ich das Event Teilebereitstellung durchgezogen habe. Die Situation am Arbeitsplatz hat sich grundlegend verbessert, weil mehr Ordnung und Sauberkeit herrscht, außerdem wurde viel mehr Platz gewonnen."

„Das ist ja alles gut und schön", knurrte Liang, „aber es muss am Ende etwas rauskommen, das sich für den Betrieb auszahlt."

„Da kann ich mit breiter Brust vor Ihnen bestehen", lachte Gunnar.

„Wir haben die Fertigungszeit für die Standardpumpen halbiert, sind unseren Mitbewerbern gegenüber im Vorteil, und der Vertrieb hat schlagende Argumente für Neukunden an der Hand."

Er glühte jetzt fast vor Stolz, und Liang ließ sich von Gunnars Optimismus anstecken.

„Da bin ich auf die nächsten Zahlen gespannt. Zudem hoffe ich, dass es kein Strohfeuer sein wird. So nennt man das doch in Deutschland, oder? Haben Sie ein Auge auf die Leute. Natürlich nicht zu offensichtlich. Bei uns sagt man: Ein Herr überwacht seine Diener so unmerklich, wie man eine Socke im Stiefel spürt. Aber ich sehe, Sie knien sich in Ihre Aufgabe, und solche Mitarbeiter braucht S&S!"

15

Als Nico am nächsten Morgen auf dem Parkplatz sein Auto ab-
schloss, schob sich Achim Mendel in die Lücke daneben.

„Na, wieder nüchtern?" grinste Nico.

„Ach nee, du hast ja keinen Martini getrunken. Der war bei den
Damen wohl der Favorit. Hast du gesehen, die Frau von Stolzky
hatte einen ziemlich ondulierten Gang, wie man das wohl zu ihrer
Zeit genannt hätte."

Mendel presste seine Aktenmappe an sich und sagte nichts. Er
sah übernächtigt aus.

„Udo Lindenberg hat mal den Spruch abgelassen: Alle Tage
sind gleich lang, nur manche sind breiter."

Bei einem solchen Satz hätte Mendel sonst schallend gelacht.
Jetzt verzog er nur gequält das Gesicht. Irgendwas stimmt mit
ihm nicht, dachte Nico. Ihm fiel auch ein, hatten sie sich bisher
nicht mindestens dreimal die Woche in der Kantine getroffen?
Seit Tagen war das nicht passiert. Es kam Nico vor, als ob Mendel
sich zum Essen keine Zeit nähme oder ihm aus dem Weg ginge.
Dieser angekündigte „Besuch" aus China schien ihm schwer zu
schaffen zu machen.

„Aber das Fleisch war spitze gestern, oder?"

Mendel nickte nur.

„Was ist los mit dir? Ist es dieser Bursche, den sie aus China
schicken wollen? Wie heißt er noch gleich? Soll der nicht heute
eintrudeln?"

„Park Sholpan", stieß Mendel zwischen den Zähnen hervor.

„Sind schon komisch, die chinesischen Namen. Na, dann. Sehen
wir uns zum Mittagessen?" Nico sah Mendel erwartungsvoll an.

„Glaube nicht. Hab noch so einiges vorzubereiten, damit ich
alles parat habe für die große Abrechnung morgen." Mendel zog
eine Grimasse, die wohl so etwas wie ein sarkastisches
Lächeln sein sollte.

In seinem Büro angekommen, ging Nico kurz mit seiner Sekretärin die Termine für den Tag durch, schickte dann eine E-Mail
an den Einkaufsleiter und bestellte Huber um zehn Uhr zu einer

Besprechung in sein Büro. Desgleichen den Meister aus dem Zuschnitt, und als er hörte, Luther aus der Endmontage hatte sich krank gemeldet, überlegte er kurz und entschied sich für Yilmaz.

Huber maulte vor sich hin, als er sich auf den Weg machte, weil heute wie immer am zweiten Mittwoch im Monat sein Spezi, der Vertreter von Schrauben Marx, kam. Sie tranken zuerst immer gemütlich Kaffee, hielten ein Schwätzchen, und dann ging er mit ihm die Liste für die Kleinteilbestellung durch. Brunsmann brachte ihn nun um das Vergnügen, ausgiebig mit einem Landsmann den Tabellenstand vom TSV 1860 zu erörtern.

Yilmaz war als erster da. Er setzte sich ganz vorne auf die Stuhlkante und sprang sofort auf, als Kessler kam und schließlich der Einkaufsleiter, setzte sich dann wieder, als säße er auf einem Schleudersitz und müsse dem auslösenden Moment, in die Luft katapultiert zu werden, zuvorkommen.

„Meine Herren. Es gilt Ursachenforschung zu betreiben", fing Nico ohne Umschweife an.

„Gestern war ich in der Endmontage und habe mit eigenen Augen gesehen, dass die Fortschritte, die im Zuschnitt seit unserem Event erzielt worden sind, in der Endmontage zu Chaos führen."

„Und was habe *ich* damit zu tun?", polterte Huber los.

„Das möchte ich gerne herausfinden. Deshalb sitzen die Kollegen, Sie und ich hier, um Ursachenforschung zu betreiben. Es geht keinesfalls um Schuldzuweisungen. Einzig und allein müssen wir Wege finden, um den Schlamassel zu beenden. Der Leidtragende ist letztendlich immer der Kunde, und die Zufriedenheit des Kunden ist mehr als heilig. Mit Heiligen, da kennen Sie sich als bayerischer Katholik doch bestens aus, und wir sprechen die gleiche Sprache, oder?"

Nico zwinkerte Huber verschwörerisch zu.

„Jo, mei", knurrte der bloß.

„Du liegst doch mit dem Meister dauernd im Clinch, weil schon ein paar Mal Kugellager nicht vorrätig waren, damit wir wenigstens eine andere Pumpe schon mal vormontieren konnten", sagte Yilmaz, der jetzt ganz entspannt war. „Oder am Montag zum Beispiel die fehlenden mittleren Gelenkmanschetten, und neulich waren es Leichtlaufbuchsen, nee Schieber. Ach ja, und bei Kalle ein Blindstopfen."

„Ich lass mich doch hier nicht von dir fertigmachen."

Hubers Stimme klang drohend, und sein Gesicht nahm eine gefährliche Röte an.

„Grad jetzt hätte ich Termin mit dem Vertreter von Schrauben Marx. Stattdessen klopft hier einer wie Yilmaz dumme Sprüche."

Er sah Nico herausfordernd an.

„Bitte, es bringt doch nichts, wenn wir rumschreien. Fest steht, es kommt zu Problemen bei der Lieferung von Kleinteilen. Warum passiert das? Wo liegt der Fehler?"

Nico strich sich nachdenklich über das Kinn.

„Der Vertreter kommt regelmäßig, Herr Huber? Jeden zweiten und vierten Mittwoch im Monat?"

„Sag ich doch!" Hubers Stimme klang genervt.

„Und Sie bestellen bedarfsgerecht?"

„Herr Brunsmann. Ich mache diesen Job nicht erst seit gestern."

Huber sprach jetzt reinstes Hochdeutsch. Wenn er nicht Bayerisch redete, stand er kurz vor einem Wutausbruch, wusste Kessler. Da konnte sich Brunsmann auf etwas gefasst machen.

In diesem Moment klingelte das Telefon. Nico sagte: „Ja, das ist möglich. Herr Huber kommt gleich runter."

Nico wandte sich dem zornbebenden Einkaufsleiter zu.

„Der Vertreter wartet schon eine Weile auf Sie. Da will ich Sie nicht länger aufhalten."

Mit Gepoltere schob Huber seinen Stuhl zurück, knurrte mit grimmiger Miene etwas Unverständliches, warf Nico noch einen wütenden Blick zu und war aus der Tür.

„Herr Kessler, Herr Yilmaz hat da ein paar Bemerkungen gemacht, dass immer mal Kleinteile nicht da sind. Können Sie das bestätigen?"

„Das kommt schon mal vor", antwortete der Meister zögernd. „Ich will dem Einkauf da nicht am Zeug flicken. Die Ursache?" Er zuckte mit den Schultern und ließ die Frage im Raum stehen.

„Wissen Sie was?" Nico stand auf.

„Ich gehe der Sache jetzt mal persönlich auf den Grund und rede mit dem Vertreter. Vielleicht komme ich hinter das Geheimnis. Es kann sich doch nur um Lieferengpässe handeln, aber es macht mich stutzig, dass immer etwas anderes fehlen soll. Erst mal danke für heute, meine Herren."

Beim Hinausgehen warf Nico einen Blick durchs Fenster in den Hof und sah eine junge Frau in einem dunkelblauen Kostüm aus einem Taxi steigen. Sie ging ein paar Schritte auf die Pförtnerloge zu, trat nach kurzer Zeit aber wieder zurück und schaute an der Fassade hoch, als wolle sie sich einen Eindruck vom Gebäude verschaffen. Als habe sie einen lackierten Helm auf, glänzte ihr schwarzes Haar. Nico steckte sich seinen Kugelschreiber ein, und als er wieder aus dem Fenster sah, war sie verschwunden.

Im Einkauf roch es nach Kaffee. Huber saß mit dem Rücken zur Tür und inhalierte genüsslich den Rauch seiner Zigarette. Der Vertreter der Firma Marx plauderte anscheinend gerade lachend über irgendein Familienereignis.

„So sind sie halt, die Schwiegermütter", hörte Nico ihn sagen.

„Guten Morgen, Brunsmann. Ich bin der technische Geschäftsführer." Er reichte dem Vertreter die Hand.

Huber fuhr auf seinem Sitz herum.

Nico sagte: „Wie ich höre, kommen Sie zweimal im Monat, um mit Herrn Huber die Bestellungen durchzusprechen. Herr ...?"

„Winkler mein Name. Ja. Jeden zweiten und vierten Mittwoch bin ich auf dieser Tour." Er nickte.

„Und Ihr Einzugsgebiet?", fragte Nico, während Hubers Gesicht erneut eine Farbe annahm, als säße er unter einem Rotlicht.

„Der gesamte norddeutsche Raum in diesem Rhythmus, immer mittwochs bis freitags. Dann bin ich montags in der Firma. Dienstag ist Reisetag für die nächsten Kunden."

„Vielleicht sollten Sie und Herr Huber versuchen herauszufinden, woran gewisse Engpässe liegen könnten, von denen ich gehört habe. Eine Möglichkeit, die mir einfällt: Gab oder gibt es öfter Schwierigkeiten bei Ihren Zulieferern? Ein weiterer Faktor könnten die Mengenvorgaben sein."

Der Vertreter schüttelte den Kopf, und als Nico anfügte: „Womöglich werden C-Teile von Ihnen erst in größerer Anzahl geliefert und Kleinstmengen zurückgestellt", protestierte er lautstark.

120

„Ich bitte Sie, Kleinstmengen. Das kommt ja höchstens mal ausnahmsweise vor, wenn es sich um ganz spezielle Teile handelt."

Nico legte dem aufgebrachten Vertreter begütigend die Hand auf die Schulter.

„Was ist mit Sortimentsumstellungen?", fuhr er dann fort. „Uns ist doch daran gelegen, das Problem zu lösen. Mich würde freuen, wenn Sie beide Licht ins Dunkel bringen würden, was schiefläuft."

Aufmunternd nickte er den beiden Männern zu.

„Dann will ich nicht länger stören. Danke erst mal."

Er hob kurz die Hand und ging.

„Herr Mendel hat angerufen und wollte Ihnen sagen, der Besuch aus China sei eingetroffen. Ob Sie kurz zu ihm kommen könnten, wenn Sie wieder da sind", empfing ihn seine Sekretärin. „Er hörte sich ganz komisch an. So als müsse er sich am Telefon ein Lachen verbeißen." Karin Faber sah Nico ratlos an.

„Dann werde ich mir den Herrn Park Sholpan mal anschauen und herausfinden, was Achim Mendel so amüsiert", antwortete Nico.

„In der Regel tragen Männer keine hochhackigen Schuhe und Kostüme mit engen Röcken. Die wenigsten schminken sich auch", schilderte Nico abends seiner Frau die erste Begegnung mit Park Sholpan.

„Wir haben mit einem Mann gerechnet – und sie schicken eine Frau, eine sehr attraktive junge Dame zudem! Achim Mendel war vollkommen von der Rolle. Er rannte wie ein Irrwisch in seinem Büro herum. Aufgeregt war er ja schon die ganze Zeit gewesen, aber heute, das reinste Nervenbündel. Ich weiß gar nicht warum. Dass er jetzt eine Weile mit einer Frau zu tun haben wird, die ihm über die Schulter guckt, kann eigentlich nicht der einzige Grund sein."

16

„So kommen wir nicht weiter, wir verlieren uns zu sehr im ‚Klein/ Klein‘", hatte Nico vor ein paar Wochen zu Theo Stolzky gesagt, „wir müssen unsere Aktivitäten noch klarer an einem Soll-Zustand ausrichten. Und der kann nur ‚auftragsbezogene Produktion‘ lauten."

„Dann rüsten wir uns doch zu Tode", hatte Stolzky geantwortet.

„Herr Stolzky, wir sind uns doch wohl einig, der Anteil individuell hergestellter Pumpen für unsere Kunden wird immer größer. Die durchschnittliche Losgröße beträgt derzeit 2,8. Vor zehn Jahren waren es noch über 20. Und bei Lichte betrachtet sieht die Sache so aus, dass wir ein paar große Aufträge mit mehreren hundert Stück haben und sonst nur welche mit einem oder zwei Stück. Machen wir uns nichts vor, bei den Aufträgen mit den großen Stückzahlen gucken wir immer öfter in die Röhre, die gehen nach Asien. Shang-Met wird schon dafür sorgen. Kapital und Köpfe haben die schließlich in rauen Mengen. Wir sind schon längst zum Spezialanbieter geworden, und darin sollten wir auch unsere Stärke sehen."

Stolzky strich sich nachdenklich übers Kinn und dachte an ein Treffen mit Nils Simon in der letzten Woche. Der hatte ihm in den Ohren gelegen, dass sie in der Fertigung nun schon wiederholt das gleiche Teil zweimal in einer Woche auflegen mussten. ‚So was hätte es bei Ihnen nicht gegeben, Herr Stolzky‘, hatte er ihm gesagt. ‚Das muss endlich wieder aufhören, wir können uns das doch überhaupt nicht leisten, dauernd die Maschinen umzurüsten. Nur wenn Späne in der Maschine fliegen, verdienen wir Geld. Ist doch so, oder Herr Stolzky?‘

„Meinen Sie wirklich, das ist der richtige Weg, Herr Brunsmann?" hatte er schließlich gefragt.

„Gibt es denn ernsthaft einen anderen?" fragte der zurück, um sich die Frage gleich selber zu beantworten.

„Zu Zeiten Ihres Vaters haben die Unternehmen noch die Märkte gestaltet. Sie konnten ihrem Kunden noch sagen, dass er sechs bis acht Wochen warten müsse, bis er die spezielle Pumpe bekommt, und der Kunde hat das akzeptiert. S&S konnte noch alle paar Wochen ein großes Los für jedes Teil auflegen. Aber heute doch nicht mehr! Der Wettbewerb ist inzwischen so eng geworden, es bleibt nur eine gnadenlose Differenzierung. Wir müssen in mindestens einem Parameter besser sein als alle anderen. Fakt ist, den Preis können wir vergessen. Solange wir hauptsächlich in Deutschland produzieren, kommen wir bei Massenprodukten nicht an die Billiglohnländer ran."

Stolzky nickte. „Aber uns geht es um Qualität. Wie andere oft Qualität definieren, ist ja kein Geheimnis." Ein gequältes Lächeln lag jetzt in Stolzkys Gesicht.

„Ja klar, Qualität. Aber lügen wir uns hier nicht in die eigene Tasche? Natürlich machen wir ganz ausgezeichnete Qualität, aber wir müssen auch zugeben, wir sind nicht die einzigen auf der Welt, die das können. Und mal ehrlich, wie viele Kunden sind denn bereit, allein dafür einen so großen Aufschlag zu zahlen. Wir können langfristig nur noch mit Innovationen und Geschwindigkeit überleben. Am besten beides. Wenn wir ein bahnbrechendes Produkt haben, können wir uns den Preis fast aussuchen. Aber überall da, wo es Alternativen zu unserem Produkt gibt, müssen wir vor allem schnell, schneller, am schnellsten sein. Das muss die Devise sein für S&S in den nächsten Jahren. Mit diesem Pfund können wir wuchern!"

Nico unterstrich jedes Wort jetzt, indem er heftig mit seinem Kugelschreiber auf den Schreibtisch stieß.

„Geschwindigkeit. Und das meine ich natürlich wirtschaftlich."

„Und? Schon ein Konzept", forderte Stolzky ihn mit einem Unterton heraus, der nicht ganz überzeugend klang.

„Idee ja, Konzept nein. Um schnell zu liefern, könnten wir uns theoretisch große Bestände von fertigen und halbfertigen Erzeugnissen aufs Lager legen. Bei einigen Teilen und vor allem bei Langläufern mit langer Wiederbeschaffungszeit wird uns nichts anderes übrig bleiben, gerade bei den Langläufern, deren Wiederbeschaffungszeit sehr lang ist. Aber das können wir uns kaum im großen Stil leisten. Außerdem ist das Risiko viel zu groß, bei technischen Produktänderungen oder speziellen Kundenwünschen auf dem Material sitzenzubleiben. Shang-Met hätte zwar die Kohle dafür, aber die würden uns im Zweifel am langen Arm verhungern lassen. Kurzum, wir müssen uns in die Lage versetzen, kleinste Stückzahlen auf Kundenwunsch rasend schnell herstellen zu können. Und das ist übrigens nicht nur eine Aufgabe für die Fertigung und Montage, sondern für die ganze Kette der Auftragsabwicklung, auch Konstruktion und Beschaffung müssen da mitspielen."

„Und was haben Sie im Auge, welche genauen Ziele mit welchen Maßnahmen?", hatte Stolzky schließlich gefragt.

„Ziele allein nützen gar nichts. Gefragt ist der konkrete Soll-Zustand. Mein Ziel kann sein, ich will zehn Kilo abnehmen. Da stellt sich die Frage, ist das überhaupt machbar? Wie erreiche ich es? Schaffe ich es mit weniger Essen, mit mehr Sport, ändere ich am besten erst mal meine Essgewohnheiten? Kein Feierabendbierchen. Ist ein Gesundheitscheck beim Arzt sinnvoll? Sind alle diese Fragen geklärt, kann ich loslegen, jeden Abend um den Block zu laufen, mehr Grünzeug als Burger zu essen. Genauso ist es im Betrieb. Welche substanziellen Änderungen werden erforderlich sein? Wer und was wird gebraucht zur Umsetzung? Wo schaffen wir eine drastische Rüstzeitreduzierung und wo brauchen wir mittelfristig vielleicht doch neue Maschinen? Wie steuern wir eine auftragsbezogene Wertschöpfungskette? Wie reduzieren wir die Durchlaufzeiten durch Konstruktion und Einkauf? Reicht unsere bisherige Flexibilität? Welche Kennzahlen helfen uns wirklich? Und so weiter. Dann erst geht es an die Ableitung der Maßnahmen."

Nico erklärte Stolzky, dass am Anfang die Definition eines Durchbruchziels stehe.

„In unserem Fall denke ich an die Realisierung der auftragsbezogenen Produktion. Das andere Thema ist natürlich, die Durchlaufzeiten zu verkürzen."

„Zu halbieren, wenn ich meinen Freund, den Teufel, zitieren darf", ergänzte Stolzky spöttisch. „Warum nicht gleich zehnteln?"

„Natürlich dürfen wir kein utopisches Ziel ansteuern. Das ist wie beim Abnehmen. Zwanzig Kilo Gewichtsabnahme ist eh schon ganz schön schwierig, das womöglich auch noch in einem halben Jahr erreichen zu wollen, kann man gleich vergessen. Aber die Durchlaufzeit vom Auftragseingang bis zur Auslieferung zu halbieren – jedenfalls bei unserem künftigen Butter-und-Brot-Geschäft, den kleinen Individualpumpen – das müssen wir tatsächlich anstreben, sonst werden wir das Geschäft verlieren.

Außerdem hat so ein Durchbruchsziel noch eine andere Wirkung. Es zwingt dazu, wirklich tiefgreifende Veränderungen zu durchdenken. Wenn wir nur 10-20 Prozent schneller werden müssten, dann könnte es schon fast reichen, nur ein wenig mehr in die Hände zu spucken. Aber das kann es ja nicht sein."

„Und was ist mit der Zeit?", warf Stolzky ein.

Ein einengender Zeitrahmen sei abträglich, erklärte Nico. Er gehe bis zur Realisierung bei S&S von etwa drei bis vier Jahren aus. Wichtig sei, einen signifikanten Wandel darzustellen, und zwar übergreifend, nicht nur in einem Teilbereich. Und kein bloßes Jonglieren mit Zahlen oder Prozenten.

„Wir müssen uns um den künftigen Zustand kümmern, die Resultate und Ergebnisse kommen dann schon von alleine nach. Wir dürfen aber nicht aus den Augen verlieren, dass wir eine langfristige Wirkung erzielen wollen und einen radikalen Wandel."

Sechs Wochen zuvor hatte Nico sein Vorhaben Liang Hu Akuma, Achim Mendel, Peter Leonhard, den Meistern der Abteilungen, die es betraf, Ralf Petzold, der als Chef der EDV-Abteilung für die Software verantwortlich zeichnete, Huber, dem Leiter des Einkaufs, Herold zusammen mit Hella Petri vom Vertrieb und noch ein paar anderen in einem Statement die Faktoren dargelegt, die Alarmzeichen darstellten und seiner Meinung nach eine eingehende Betrachtung der Situation erforderte.

„Zu lange Lieferfristen wegen der Durchlaufzeiten, dadurch Unzufriedenheit der Kunden, Verschwendung von Zeit und Geld durch hohe Lagerbestände, Auftragsrückgänge, weil Mitbewerber uns ausstechen. Nicht außer Acht zu lassen, was ich schon mehrfach zur Sprache gebracht habe, ist auch die Unzufriedenheit der Belegschaft in manchen Sektoren. Eine ‚innerliche Kündigung' ist die Folge. Wir haben bisher unterschiedliche Aktivitäten gestartet, zum Beispiel im Zuschnitt, wo es leider danach einige Probleme in der Montage gab. Was die Teilebereitstellung betrifft, bin ich mit dem Ergebnis sehr viel zufriedener. Muss aber dennoch sagen, wir machen zwar Fortschritte an dem einen oder anderen Punkt, erkennen jedoch, dass die eine Stelle nicht zum Ganzen passt. Was erreicht werden muss, ist, dass am Ende alles zueinander passt. Zusammenhänge und Abläufe im System müssen in der gesamten Wertschöpfungskette verstanden werden."

„Und welche Maßnahmen sollen ergriffen werden?", hörte Nico wieder.

„Das wäre, den zweiten oder dritten Schritt vor dem ersten zu tun. Vor allem ist die Erkenntnis wichtig, wir brauchen nicht nur das Ziel, sondern einen Soll-Zustand."

„Das heißt?"

„Denken Sie an unser Beispiel vom Marathonlauf, Herr Stolzky."

Den anderen im Raum erklärte er kurz, was alles bedacht werden muss, um erfolgreich eine solche Herausforderung zu meistern.

Nico sah bei Hella ein Lächeln. Er würde sie später fragen, ob sie schon einmal an einem Marathonlauf teilgenommen hatte, was er sich durchaus vorstellen konnte.

„Genauso müssen wir uns Gedanken machen, was ist alles an Vorarbeit zu leisten, um den Soll-Zustand so konkret wie möglich zu erreichen. Das ist der erste Schritt der Erkenntnis, aus dem der Entschluss bei mir gewachsen ist, die Systemgestaltung durchzuführen. Es bedeutet, ein großer Kreis von Mitarbeitern wird eingeladen, um sich mit Vorschlägen und Diskussionsbeiträgen zu unserem Durchbruchziel zu beteiligen."

„Wozu soll das gut sein?", knurrte Liang.

„Wir müssen uns ehrlicherweise eingestehen, wir als Führungsmannschaft sind gar nicht in der Lage, alles zu überblicken, was jetzt im Betrieb abläuft und in Zukunft ablaufen muss, um den Soll-Zustand konkret zu beschreiben. Wir kennen das Ziel, aber in der Lok, in den Waggons und auf den Bahnhöfen sind wir nicht, um noch mal mein Beispiel zu bemühen. Unsere Lokfahrer und Zugbegleiter sind in den Werkhallen und Büros, die wissen, wie es funktionieren sollte. Wir brauchen die Intelligenz Vieler."

„Erzähl uns aber nicht auch noch was über Schwarmintelligenz", hörte man jetzt die Stimme von Peter Leonhard. „Wir wissen, dass eine Ameise so gut wie nichts bewirkt, die ganze Ameisenkolonie aber schon."

„Na wunderbar", konterte Nico. „Wir wollen ja erreichen, dass sich alle Mitarbeiter in die gleiche Richtung auf das Ziel zubewegen. Wollen uns die Ressource Wissen Vieler zunutze machen, denn der Gebrauch und das Teilen mit anderen vermindert das Wissen nicht, sondern vermehrt es ja."

Petzold nickte und fügte hinzu: „Es ist doch erwiesen, dass die Eigenschaften und Fähigkeiten einer Gruppe verschieden sind von der Summe und Fähigkeit der einzelnen Personen der Gruppe."

„Wie man weiß", schaltete sich jetzt Mendel ein, „kommt es dadurch zur Konsensbildung. Rollen werden abgeklärt, Normen und Regeln können flexibel und konstruktiv eingesetzt werden. Vor allem fördern die gemeinsam getroffenen Entscheidungen die Gruppenkultur, und es bildet sich ein Bündel von Kontakten und Möglichkeiten der Zusammenarbeit mit weiteren Gruppen."

Nico erfasste ein Hochgefühl, als er merkte, er fand Unterstützung und Zuspruch für seinen Plan, und an Peter Leonhard gewandt, sagte er:

„Peter, du hast eben die Erkenntnis über die Schwarmintelligenz so ein bisschen als alten Hut abgetan. Ich kann dir nur zustimmen, denn die Aussage wurde ja schon von Aristoteles verbreitet. Er sagte in etwa: Jeder Mensch hat seinen Teil der Einsicht. Wenn viele zusammenkommen, wird die Menge zu einem einzigen Menschen, der viele Füße, Hände und Wahrnehmungsorgane hat ebenso wie Charakter und Intellekt. So ungefähr drückt er es, glaube ich, aus.

Wir können also aus einem Pool an Daten, Informationen, Wissen und Fähigkeiten schöpfen zur Lösung vielfältiger Aufgaben."

Peter Leonhard tat, als müsse er gähnen, knurrte dann: „Ist ja gut, ist ja schon gut. Ich weiß, das Ganze ist mehr als die Summe seiner Teile."

„Eine weitere Erklärung", fuhr Nico fort, ohne Leonhards Einwurf weiter zu kommentieren, „ich schlage vor, wir werden nach dem Open-Space-Prinzip vorgehen. Das heißt, die Teilnahme ist freiwillig, die Teilnehmer bestimmen die Themen, diskutieren darüber in Arbeitsgruppen und entscheiden, welche Projekte erarbeitet werden sollen. Denn im Gegensatz zu den Ameisen existiert in unserem Unternehmen ja eine hierarchische Struktur, die wir aufbrechen sollten. Zum Schluss werden die Ergebnisse gesammelt und schließlich die Möglichkeiten zum beherzten Handeln erörtert."

Huber tuschelte mit seinem Nebenmann, und Nico hatte den Eindruck, der Einkaufsleiter konnte mit dem Begriff nichts anfangen. Er wollte sich schon mit einer Erklärung an ihn wenden, als Liang fragte: „Wie lange dauert das Ganze denn? Es wird doch ein endloses, wie sagen Sie immer, *Gelabere* geben. Von den Kosten will ich gar nicht reden."

„Vier Tage werden wir wohl schon brauchen. Zudem kann jeder kommen und wieder gehen, wenn er glaubt, keinen Beitrag leisten zu können. Das verhindert auf jeden Fall, dass endlos geschwafelt wird. Eine Besonderheit ist noch zu erwähnen, es gibt keine Tagesordnung, keine vorbestimmten Redner und keine festgelegten Aufgaben."

„Oder wenn's keinen Kaffee mehr in der Pause gibt, kann man auch gehen", lachte Hella Petri.

Nico griff die Bemerkung sofort auf. „Ein gutes Stichwort, Frau Petri, der Schöpfer dieser Open Space-Methode, um sie mal zu erklären, hatte ein Jahr lang Kongresse zu seiner Zufriedenheit vorbereitet. Ein Freund raubte ihm dann dieses Gefühl, als der sagte: Das Beste an dem Ganzen waren die Kaffeepausen. Nach längerem Grübeln beschloss er, beim nächsten Mal eben eine große Kaffeepause zu organisieren, in der viele Menschen nach eigenem Gutdünken ihre Anliegen gemeinsam bearbeiten können. Jeder kann kommen, der sich angesprochen fühlt. So sollte es sein und inzwischen ist Open Space über die ganze Welt verbreitet."

Hubers Gesicht hellte sich auf, und mit einem Blick zu Liang fragte er: „Das Ziel ist aber nach wie vor zehn Prozent mehr Ertrag und außerdem die Durchlaufzeit zu halbieren, oder habe ich da falsche Informationen?"

„Prinzipiell ja. Aber Ertrag ist etwas, was sich aus richtigem Handeln ergibt. ‚Erfolg ist, was folgt', sagte schon Reinhard Sprenger, ein anerkannter Führungsexperte. Daher plädiere ich dafür, dass wir uns auf EIN Durchbruchsziel fokussieren: ‚Durchlaufzeit halbe'. Das haben wir selbst in der Hand. Und was die zehn Prozent betrifft, werden wir uns wohl in Etappen von zwölf, achtzehn, vierundzwanzig Monaten dahin bewegen müssen."

In Liang Hu Akumas Gesicht schien eine Gewitterfront aufzuziehen.

Nico ließ sich davon nicht beeinträchtigen.

„Im Zeitrahmen von etwa einem Jahr können wir sicher schon fünfundzwanzig bis dreißig Prozent Durchlaufzeitreduzierung im Sack haben."

„Wie soll das zu schaffen sein?" Hella Petri war jetzt ganz Ohr. „Das würde ja den Ansatz für eine höhere Termintreue für die Kunden nach sich ziehen."

„Ideen dafür gibt es schon einige, aber lassen sie uns doch diese Frage mit der großen Gruppe diskutieren.

Nico sah in die einzelnen Gesichter und konnte keine Ablehnung ausmachen.

„Meine Aufgabe wird nun sein, die Mitarbeiter einzuladen und Vorbereitungen zu treffen für einen reibungslosen Ablauf der Veranstaltung, damit sich alle auf das Wesentliche konzentrieren können. Ich danke für Ihre Aufmerksamkeit und werde so schnell wie möglich den Startschuss geben."

17

„So, jetzt heißt es in die Hände zu spucken!" Mit diesen Worten begrüßte Nico am nächsten Morgen seine Sekretärin.

„Damit der Workshop Systemgestaltung so optimal wie möglich ablaufen kann, muss alles sorgfältig vorbereitet sein."

Er beauftragte sie, im Betrieb eine große Platte zu organisieren, die als Pinnwand dienen konnte.

„Bitte besorgen Sie auch Karten in einer ansprechenden Farbe, auf denen die Mitarbeiter Vorschläge und Anregungen notieren können, vor allem aber schreiben Sie die Einladungen, die ich diktiert habe und machen Sie die Umschläge fertig. Die Namen der gut dreißig Mitarbeiter und der Führungskräfte stehen auf der Liste. Sie liegt auf Ihrem Schreibtisch."

Abends las Nico den Text noch einmal sorgfältig durch, den er in seiner Unterschriftenmappe vorfand.

Einladung
zur Systemgestaltung, auch Zielkonferenz genannt, die für unser Unternehmen einen hohen Stellenwert hat und uns mit Ihrer Hilfe neue Handlungschancen bringen wird.
Unser Durchbruchsziel:

Beschleunigung der operativen Prozesse von Auftragseingang bis Auslieferung. Halbierung der Durchlaufzeit

Es gilt, sich zusammen mit Ihnen für die Zukunft zu wappnen, und deshalb laden wir Sie ein, sich mit uns der eminent wichtigen Frage zu widmen, wie wir in den kommenden 3-4 Jahren dieses Ziel erreichen.

Mit Ihren Ideen und Vorschlägen, liebe Mitarbeiterin, lieber Mitarbeiter, wollen wir gemeinsam die Firma Siebert & Stolzky zu unser aller Wohl und zum Wohl unserer Kunden stärken und in ein neues Fahrwasser lenken. Wir wollen mit Ihrer Hilfe zu neuen Ufern aufbrechen, um langfristig den

Fortbestand unseres Unternehmens sicherzustellen.

Das Wissen Vieler bringt Erkenntnisse von unschätzbarem Wert, deshalb laden wir Sie zur Teilnahme ein. Gerade Ihr Sachverstand und Ihre Meinung sind uns wichtig. Ihr Know-how ist gefragt und wird gebraucht!

Die Teilnahme ist freiwillig, ohne Wenn und Aber. Wir wünschen uns sehr, dass Sie kommen und Ihren Beitrag leisten, weil Ihnen das Wohl von Siebert & Stolzky am Herzen liegt.

Treffen im großen Konferenzraum
Donnerstag 17. Mai bis Sonntag 20. Mai, 10-18 Uhr

Nico setzte seine Unterschrift unter den Brief und bat Karin Faber, ihn zur Kenntnisnahme Liang und Achim Mendel vorzulegen. Sie klemmte die Mappe unter den Arm und sagte: „Ich habe Karten für die Vorschläge und Ideen der Teilnehmer bestellt, DIN A6 in rot und blau, dazu Schreibstifte und Nadeln zum Anpinnen. Die Lehrlingswerkstatt fertigt uns eine Wand, die wir aufstellen können."

„Sehr gut, dann bitte ich Sie, die Einladungen umgehend an die Mitarbeiter weiterzuleiten, wenn das Material da ist."

Ein paar Tage später gab es in den einzelnen Abteilungen, in den Umkleideräumen, der Kantine und der Raucherecke auf dem Hof kein anderes Thema als die Einladung zur Systemgestaltung. Meinungen und Gegenmeinungen prallten aufeinander.

„Was heißt denn, die Teilnahme ist freiwillig? Das ist doch eine Finte. Die wollen uns bestimmt reinlegen."

„Ich habe was anderes zu tun, als auch noch am Wochenende in die Firma zu latschen und mich zu ärgern, dass ich meine Zeit vergeude."

„Hört sich doch interessant an. Ich finde gut, dass endlich auch mal unsere Meinung gefragt ist."

„Und du glaubst, das bringt was?"

„Ich könnte mir vorstellen, die führen Buch über diejenigen, die nicht kommen. Wer weiß, was das für Folgen hat."

„Da steht ‚freiwillig ohne Wenn und Aber'!"

„Papier ist geduldig. Hinterher liest du dann auf einem anderen Papier, du bist entlassen!"

„Mich interessiert das. Ich gehe da mal hin!"

Die Meister und Vorarbeiter sahen dem Datum gelassener entgegen als andere Mitarbeiter, von denen viele ein mulmiges Gefühl hatten oder einfach keine Lust, sich aber trotzdem nicht verweigern wollten.

Ein Argument war bei dem einen oder anderen: Gehe ich nicht hin, weiß ich ja nicht, wo der Hase lang läuft und kann nicht mitreden. Ein anderes: Wenn man schon eingeladen wird, ist es ungehörig, nicht teilzunehmen. Die wenigsten Eingeladenen lehnten es ab zu kommen.

Auch die Karten hatte Frau Faber verteilt mit der Bitte aufzuschreiben, was zu tun sei, um das Durchbruchsziel zu erreichen, welche Probleme bewältigt und welche Hindernisse umschifft werden müssten. Dadurch kochten die Emotionen noch einmal hoch.

„Ist doch alles Augenwischerei. Sind doch bekannt, die Probleme. Warum sollen wir die jetzt noch mal aufschreiben. Zu wenig Leute für zuviel Arbeit!"

„Genau, Stress ohne Ende."

„Ich für mein Teil kann nur sagen, im Zuschnitt ist es jetzt viel entspannter, seit wir das Event hatten."

Es wurde debattiert auf Teufel komm raus. Pro und Kontra abgewogen. Aber bei den vielen Gesprächen merkte der eine oder andere, vielleicht ist so ein intensives Meeting gar nicht verkehrt, und wenn ich gar keine Meinung habe zu einem Thema, kann ich ja gehen. So allmählich machte sich schon ein kleiner Kulturwandel bemerkbar. Die Aussage des Kollegen wurde nicht einfach abgebügelt, wie es sonst oft der Fall gewesen war. Man begann sich intensiver in den Gesprächen auseinanderzusetzen. Nicht mehr nur der, der am lautstärksten argumentierte, schien Recht zu haben.

— 18 —

Am 17. Mai schließlich traf sich im großen Konferenzsaal die Geschäftsleitung mit dem nun stark erweiterten Führungskreis. Theo Stolzky sah, als er sich umschaute, nahezu alle Meister und verantwortlichen Vorgesetzten vom Einkauf über die Logistik, von der Konstruktion über die Produktion. Hella Petri vom Vertrieb war eine der wenigen Frauen.

„Ebeling, lange nicht mehr gesehen", begrüßte er den Elektriker mit Handschlag.

„Bei Ihnen brennt ja auch selten ′ne Sicherung durch, Herr Stolzky", grinste der.

„Frau und Kinder? Alle wohlauf? Wie alt ist Ihr Sohn jetzt? Und gehen die Zwillinge schon zur Schule?"

Felix Ebeling freute sich, dass sein alter Chef sich noch für sein Familienleben interessierte. So hatte er es immer gehalten. Heutzutage kommt man sich als Arbeitnehmer ja eher wie eine Nummer vor, dachte er oft, im schlimmsten Fall sogar nur noch wie ein Kostenfaktor.

„Danke, allen geht es gut. Unser Roland macht gerade Abitur, und die beiden Mädchen sind auch schon auf dem Gymnasium."

„Mein Gott! Ich sehe Ihre Frau noch mit dem Zwillingswagen am Tor vor mir. Und jetzt – tja, die Zeit rast."

An der Stirnwand des Raums stand die große Tafel, gespickt mit unzähligen Karten. Die Teilnehmer hatten sich im Vorfeld wirklich Gedanken darüber gemacht, welche Aufgaben sind in den nächsten Jahren zu bewältigen, welche Hürden müssen überwunden werden, welche Herausforderungen erwarten uns und hatten diese Probleme mit ihrem Namen auf den Karten notiert. Nico begrüßte jetzt alle Anwesenden.

„Wir sind heute hier zusammengekommen, um die Zukunft von S&S in einen Fokus zu stellen, der unser Unternehmen in sicherem Fahrwasser hält, um mal einen maritimen Ausdruck zu wählen. Ebbe und Flut sind hier in der Nähe der Nordsee vertraute Naturerscheinungen. Für uns muss es heißen, Untiefen bereits im Vorfeld zu vermeiden und bei hohem Wellengang nicht die Nerven zu verlieren. Ich bitte Sie – denn ich werde Ihnen jetzt keine

Vorschläge und Masterpläne unterbreiten, es werden auch keine weiteren Reden geschwungen – schauen Sie sich die einzelnen Karten an der Wand in den nächsten knapp zwei Stunden gründlich an. Bis auf ein paar Ausnahmen, deren Verfasser sich nicht getraut haben, trägt jede Karte den Namen des jeweiligen Autors. Sie können Rücksprache mit dem Verfasser halten, sich Erläuterungen geben lassen, sich austauschen. Tummeln Sie sich auf dem Marktplatz der Probleme. Suchen Sie sich schon mal die Themen heraus, die Sie als besonders wichtig für die Zielerreichung erachten. Und Sie dürfen für Ihre eigenen Karten auch Werbung machen. Überzeugen Sie Ihre Kollegen davon, dass gerade Ihr Thema entscheidend für ‚Durchlaufzeit halbe‘ ist. Ach ja, und bedienen Sie sich mit Getränken, Keksen und Snacks. In 90 Minuten sprechen wir uns wieder.“

Theo Stolzky schlenderte näher an die Pinnwand heran. Er nickte immer wieder einem der Anwesenden zu, sprach ein paar Worte mit ihm. Eine Weile putzte er umständlich seine Brille mit dem Taschentuch, ehe er die erste Karte las: *Schlechte Kommunikation, wir müssen besser miteinander reden.* Tja, dachte Stolzky, stimmt sicherlich, aber doch noch ein wenig unspezifisch. Oder: *Viel zu wenige Leute für ‚Durchlaufzeit halbe‘.*

Es gab aber auch Karten, die verheißungsvoll klangen: *Neugestaltung der Montageinseln, um trotz wechselnder Montageinhalte der variantenreichen Pumpen Taktungsverluste zu reduzieren.* Oder: *Weniger Multitasking in Technik und Auftragsmanagement.* Und *Buchungsgenauigkeit der Teileverfügbarkeit erhöhen.* Sogar richtig dicke Bretter kamen zum Vorschein: *Modulbaukasten zur flexiblen Produktgestaltung entwickeln.*

Stolzky war überrascht von der Menge der Karten. Es waren mehr als fünfzig.

Gunnar Voss sprach mit Liang Hu Akuma. Der schien sein Lächeln heute an der Garderobe abgegeben zu haben. Er kniff die Augen und die Lippen zusammen. Gunnar gestikulierte mit den Händen.

„Herr Liang, eine Ausgestaltung soll auf den Karten nicht beschrieben werden, auch keinesfalls, wie man das jeweilige Problem lösen soll. Erst einmal soll eine Auslese getroffen werden, was uns am meisten unter den Nägeln brennt."

Er kramte jetzt in seiner Hemdtasche, zog ein paar Aufkleber heraus und gab Liang einige.

„Der nächste Schritt: Jeder von uns hat sieben Stück davon und kann sie auf eine oder mehrere Karten kleben, um auszudrücken, dieses Problem ist für mich so relevant, dass ich finde, es muss schnellstens gelöst werden."

Mit noch verdrießlicherer Miene knurrte Liang: „Aber das ist ja eine unglaubliche Fülle von Karten."

„Sie werden sehen, die Anzahl reduziert sich schnell. Mehr als zehn bis zwölf werden es zum Schluss nicht mehr sein. Die können dann in drei Räumen nach Themen geordnet intensiver von jedem einzelnen in Augenschein genommen und mit den Kollegen diskutiert werden."

„Ja, aber", Liang gab sich noch nicht geschlagen, „interessiert die Marketingabteilung zum Beispiel, ob das Sortiment Rundstähle dem und dem Standard entsprechen. Da geht doch keiner von denen hin und diskutiert."

„Vielleicht heute nicht, vielleicht aber morgen. Das Ganze zieht sich ja über drei Tage hin, und wenn einer mal gar keine Meinung zu etwas hat, findet er in der Vielzahl von Themen immer noch welche, zu denen er etwas beitragen kann und will."

Am Fenster lehnte Achim Mendel mit einem Glas Wasser in der Hand und trank hastig. Nico fand, er sah schlecht aus, richtig krank mit dunklen Ringen unter den Augen.

„Diese Frau Park ist ein Drachen", hatte er erst gestern zu Nico gesagt. Gerade als der zu ihm gehen wollte, klingelte Mendels Handy, und er verließ eilig den Raum. Als er Huber ein paar Schritte entfernt stehen sah, ging Nico zu ihm.

„Herr Huber, schon Erkenntnisse gewonnen bezüglich der Engpässe bei den C-Teilen? Da muss ja auch eine Themenkarte auf die Wand."

Huber murmelte etwas Unverständliches und wandte sich ab.

Nico ließ sich aber nicht abschütteln und sagte: „Mir ist im Nachhinein eingefallen, dass Herr Winkler, der Vertreter von Schrauben Marx, neulich gesagt hat, er wäre immer nach dem Besuch hier bei uns montags in seiner Firma und würde die Aufträge bearbeiten. Gehen Sie mit mir konform, dass es fünf Tage dauert, wenn erst montags unsere Bestellung ausgeführt wird? Das ist doch ein immens langer Zeitraum. Deswegen womöglich die Fehlbestände?"

Hubers Gesicht begann sich wieder zu verfärben.

„Zug um Zug, so stell ich mir Auftrag und Auslieferung vor. Sie müssen doch sonst jede Menge Polster einbauen, um nicht in die Bredouille zu kommen", hakte Nico nach.

„Wissen Sie was, Herr Brunsmann, ein paar Leute hier wollen sich bei Ihnen einschleimen und flicken mir deswegen am Zeug."

„Das ist doch Unfug."

Nico legte dem Einkaufsleiter begütigend die Hand auf die Schulter, die der unwillig abschüttelte. Dass Huber an Yilmaz dachte, war Nico klar.

„Keiner will irgendwem an den Karren pinkeln, Herr Huber. Es geht doch nur darum, mögliche Fehler zum Wohl unserer Kunden auszuschalten", sagte er und bemühte sich, ruhig und gelassen zu sprechen.

„Wir sollten unser Augenmerk auch einmal darauf lenken, unseren Kunden Alternativvorschläge zu machen. Vielleicht ist ein Argument, wenn wir uns auf drei bis fünf Stähle beschränken, dass der Einkauf davon profitiert und die Lieferzeiten verkürzt werden können."

„Kurze Lieferzeiten sind immer ein Argument", klinkte sich Hella Petri jetzt in das Gespräch ein. „Aber auch mal Veränderungen und ein Umdenken. Neulich erzählte mir ein Kunde, er habe bei der Konkurrenz an einer Pumpe Pressteile aus Kunststoff statt aus Aluguss geliefert bekommen. Ein Vorteil sei eine leichtere Reparatur."

„Die Techniker bei den Kunden wähnen sich ja immer schlauer als die beim Lieferanten."

Hubers Stimme klang höhnisch, und er entschied sich jetzt endgültig, das Gespräch nicht weiterzuführen. Die Petri hatte ihm gerade noch gefehlt! So ein Frauenzimmer gehörte hinter den Herd und hatte in einer Männerdomäne nichts verloren, war schon immer seine Ansicht. Eine Frau als Vertrieblerin bei S&S. Er hatte noch nie verstanden, wieso ausgerechnet eine Frau diesen Posten innehatte.

Die nächsten Tage wurden die ausgewählten zehn Themen nun intensiv und in immer wieder anderen Besetzungen diskutiert. Vorschläge wurden verworfen, neue kamen auf den Tisch. Man begann, ein Maßnahmenpaket zu schnüren und sich ein zu Bild machen, wie die auftragsbezogene Produktion gestaltet sein könnte, um das Durchbruchsziel tatsächlich zu erreichen.

„Mittlere und größere Losgrößen werden ja generell von der Stange gedreht", stellte Kessler eine Idee vor. „Bei Einsatz einer Drehmaschine mit automatischer Werkstoffbeladung, die ein Mehrkanal-Lademagazin hat, könnte diese auch generell für kleinere Losgrößen eingesetzt werden. Auch ein Umrüsten wäre in Sekundenschnelle mit einem Knopfdruck machbar. Durch kontinuierliche Zuführung und schnelles Umrüsten ließe sich die Produktivität steigern, was auch ein Vorteil wäre in Schichten, die nicht so gut besetzt sind."

Man beschloss, Preise einzuholen für den Kauf einer solchen Maschine.

Mit großer Zustimmung wurde der Plan diskutiert, das Teilelager zu reduzieren. Geprüft werden sollte, wie viele Stahlsorten verbauen wir, welche Arten von Rohren, L-Profilen, Rechtecken. Könnten die selteneren durch die gängigen ersetzt werden? Wäre es möglich, 1650 Halbzeuge womöglich auf 650 zu reduzieren? Die Konstruktion wäre in dem Fall viel schneller und der Einkauf entlastet. Nico warf einen Blick zu Peter Leonhard, dessen Gesichtsausdruck schien gelangweilt.

Liang protestierte lautstark, als der Vorschlag kam: „Die Rahmen der Pumpen könnten statt aus Eisenprofilen aus Edelstahl gefertigt sein."

„Was soll das kosten? Edelstahl ist doppelt so teuer. Wollen Sie uns ruinieren?"

Hella Petri ließ sich nicht beirren. „Herr Liang, ein Eisenprofil muss geschweißt werden, abgesäuert, eventuell noch nachgeschweißt, dann lackiert werden, womöglich ist noch einmal Nacharbeit nötig, und noch mal eine neue Lackierung. Bedenken Sie den Zeitfaktor und die einzelnen Gewerke. Von der Haltbarkeit und vom Aussehen schlägt Edelstahl Eisen um Längen. Der Kunde wird begeistert sein, wenn wir ihm sagen, was für einen wertstabilen Rahmen und Halter wir ihm liefern, der langlebiger und korrosionsbeständiger ist und er weniger Reparaturen und damit weniger Kosten hat."

Nico musste ein Schmunzeln unterdrücken, als er bei den Ausführungen der jungen Frau das Gesicht Hubers beobachtete. Er starrte sie mit offenem Mund an.

„Was für mich und meine Kollegen auch extrem wichtig wäre, es muss schnellstens eine Liste erstellt werden für kurzfristige Änderungen durch den Kunden. Ich habe kürzlich meinen Augen nicht getraut, als ich sah, statt auf 200 Euro belief sich der Umbau eines Einfüllstutzens von der rechten auf die linke Seite auf 498 Euro."

Nico sah, wie sich Peter Leonhard unentwegt Kekse in den Mund stopfte und kauend an die Decke starrte. Er schien mit seinen Gedanken ganz woanders zu sein.

„Da möchte ich mich auch noch mal einbringen", sagte jetzt Rachwicz von der Arbeitsvorbereitung.

„Oft kriegen wir Aufträge von der Konstruktion, da ist dann noch immer keine vollständige Stückliste dabei, sondern sie schreiben: ‚wie gehabt' oder ‚siehe Auftrag XYZ'. Wir fragen dann bei der Montage nach oder beim Vertrieb, es dauert alles doppelt und dreifach so lange, und halbfertige Pumpen stehen rum."

„In den Tagen, an denen ich hier meine Zeit vergeude, hätte ich Stücklisten erstellen und weitere sinnvolle Arbeiten erledigen können", schnaubte Leonhard, verschluckte sich und musste husten.

„Was hältst du davon, dir zu dem Einwurf von Herrn Lammert ein paar Gedanken zu machen und ihn nicht einfach abzubügeln", schaltete sich Nico jetzt in wenig freundlichem Ton ein.

„Man könnte Standardbeistellpakete in die Software einpflegen", ergänzte Kessler. „Schnapp dir doch mal einen EDVler und besprich das."

Leonhard verzog sein Gesicht und unterdrückte eine patzige Antwort. Mit spitzen Fingern griff er sich noch einen Keks, ging in Richtung Tür und konnte dann den Mund doch nicht halten.

„Was gibt es hier doch alles für Leuchten. Es wimmelt ja hier nur so von Geistesblitzen."

Nico spürte, die meisten Teilnehmer waren begeistert von den intensiven Gesprächen, Diskussionen, dem Für und Wider der Argumente.

Gunnar Voss saß mit Kessler, Petzold und Yilmaz zusammen in einem der Büros, das zum Meeting-Raum umfunktioniert worden war.

Nico hörte ihn sagen: „Ein Problem sind doch schwankende Auftragseingänge und Terminprobleme. Die Kunden erhöhen ständig die Anforderungen, das meiste ist eh nicht mehr planbar. Aufträge müssen zunehmend mit viel Steuerungsaufwand durch die Produktion gedrückt werden, weil man mit anderen, die noch gar nicht dran waren, schon angefangen hatte."

„Da sollte man endlich mal über ein neues Softwaresystem nachdenken, heißt es dann ja sofort immer", seufzte Petzold. „Das kann doch nicht die Lösung sein."

„Was ist denn mit diesem ConWip, von dem Brunsmann sprach?", fragte Kessler.

„Kann man damit das Steuerungsproblem beheben?"

Nico trat jetzt zu der Gruppe.

„Ich bin davon überzeugt, Herr Kessler, dass mit ConWip der Umlaufbestand gesenkt werden kann für mehr Fluss, um die Liefertermintreue zu erhöhen, ja, ich bin ziemlich überzeugt."

„Erklären Sie uns doch mal die Methode", sagte ein Kollege, der die letzten Worte gehört hatte und sich dazugesellte.

„ConWip nutzt den Zusammenhang zwischen Bestand und Durchlaufzeit und senkt den Materialbestand kontinuierlich auf ein möglichst niedriges Niveau. Zur Auftragsfreigabe kann man physische Karten verwenden oder elektronische."

„Sie sagten neulich, ein neuer Auftrag wird erst ausgelöst, wenn ein alter fertig ist. Gibt es dann so was wie eine Ampel, oder wie muss ich mir das vorstellen? Ist es denn nicht schwierig, die Situation in der Fertigung immer richtig einzuschätzen?"

Gunnar antworte an Nicos Stelle: „Sehen Sie, jetzt sind wir auf dem besten Weg, den Soll-Zustand zu ermitteln. Was muss in Angriff genommen werden? Es muss zum Beispiel ein Prozedere aufgesetzt werden, das die bewusste Freigabe der Aufträge regelt, heute wird ja quasi alles sofort freigegeben und verstopft unsere Konstruktion genauso wie die Produktionsbereiche. Verschiedene Parameter sind dafür entscheidend, die zu definieren sind. Die Leute müssen informiert und geschult, Probeläufe gestartet werden."

Nico sah, das Feld konnte er Gunnar Voss überlassen, und er entschloss sich, einen der beiden anderen Räume aufzusuchen, um auch da einmal reinzuhören. Er war fest davon überzeugt, die gemeinsame Zusammenkunft nach diesen vier Tagen würde ein Ergebnis bringen, das Verbesserungen und Veränderungen zum Positiven bringen würde. Auch wenn nicht alle Beteiligten sich eingebracht hatten, zwei, drei sicher auch nicht bis zum Ende geblieben waren, bei anderen die Skepsis überwog und die ewigen Nörgler Huber und Peter Leonhard ihrem Ruf treu geblieben waren, überwog für Nico das gute Gefühl.

„Wissen Sie, was ich bei dieser ganzen Sache gelernt habe?", sagte Theo Stolzky ein paar Tage später zu Nico: „Die Leute waren mit ungeheuer viel Eifer dabei. Sie haben sich die Ergebnisse selbst erarbeitet. Zur Zeit meines Vaters und ja auch noch bei mir wurde von oben angeordnet, so und so wird das gemacht. Aber so herrscht viel mehr Klarheit. Und der Vorteil ist, zähe Diskussionen werden dadurch wegfallen. Neuerungen viel rascher umgesetzt, weil von Anfang an die Eigenverpflichtung der Mitarbeiter dabei ist. Von innen heraus haben sie ihre ganze Kraft eingesetzt. Ich bin überzeugt, das ist der bessere Weg!"

„Und ich bin begeistert vom großen Zuspruch unserer Leute, die, obwohl ihr Kommen freiwillig war, teilgenommen haben. Das zeigt die Verbundenheit, eine verankerte Kultur und keine Notwendigkeit, Druck auszuüben. Ganz im Gegensatz dazu, was ich neulich gelesen habe. Die Partei hat beim Formel 1-Rennen in Shanghai den größten Teil der Zuschauer per Order di Mufti auf die Tribünen geschickt, um der Welt volle Zuschauerränge zu präsentieren."

„Da haben wir's wieder! Teufel allesamt die asiatischen Brüder, sag ich doch immer", bestätigte Stolzky mit heftigem Kopfnicken.

„Jetzt aber, Herr Stolzky kommt das größte Stück Arbeit auf uns zu. Wir sind gefordert, die nächsten Schritte anzugehen. Bloß nicht auf dem bis hierher Erreichten ausruhen. Das wäre der größte Fehler."

„Das bedeutet?", fragte Stolzky.

„Die Themen, die im Rahmen der Systemgestaltung herausgearbeitet wurden, müssen schnellstmöglich in weiteren Umsetzungs-Events vertieft werden. Eine Eventvorschau für die kommenden Monate aufzustellen, wird zusammen mit dem Führungskreis meine vordringlichste Aufgabe sein."

„Für Monate im Voraus? Wie soll das gehen?"

„Ja, im nächsten Vierteljahr heißt es, die Themen auszuwählen und die Leute zu finden, die sich darum kümmern wollen. Dann, die Termine festlegen, damit sich jeder darauf einstellen kann, und es nicht plötzlich heißt, ‚da habe ich keine Zeit'."

„Wie viele Events planen Sie denn?"

„Jeden Monat eins. Sie gucken skeptisch, Herr Stolzky, aber in den nächsten 12 Monaten geht es hier rund, um es mal flapsig auszudrücken. Wir werden der Dynamik, die sich gerade breit gemacht hat, jeden Raum geben, die sie braucht. Dieses Mal demotivieren wir die Leute nicht wieder."

19

Gunnar hatte Anette versprochen: „Wenn wir in der Firma mit dem Thema Systemgestaltung durch sind, lade ich dich ein, und wir zwei gehen mal wieder einen Abend so richtig schön essen."

Das ‚Richie's' war zurzeit das angesagteste Restaurant in der Stadt. Weil er seine Freundin in den vergangenen Wochen sträflich vernachlässigt hatte, ließ Gunnar sich nicht lumpen und reservierte an einem Samstagabend einen Tisch.

„Wehe, du erwähnst heute ein einziges Mal Siebert & Stolzky", drohte Anette, als sie sich gesetzt hatte und einen ersten Blick in die Speisekarte warf. „Dann verlass' ich auf der Stelle das Lokal."

„War es so schlimm in letzter Zeit?", fragte Gunnar und schob die Unterlippe wie ein schmollendes Kind vor.

„Schlimmer! Und zur Strafe werde ich jetzt Champagner bestellen und das teuerste Menue des Hauses."

Sie wählte aber entgegen ihrer Drohung einen Grauburgunder.

„Den nehme ich auch", entschied sich Gunnar. Er hob das Glas.

„Auf den heutigen Abend und das verständnisvollste weibliche Wesen, das ich mir wünschen kann."

Mit einem hellen Klang stießen die Gläser aneinander. Anette lächelte und pustete Gunnar einen Kuss über den Tisch zu. Sie sah, fast alle Tische waren besetzt. In warmem Kirschholz spiegelte sich das Kerzenlicht. Die Stühle trugen zartgrüne Hussen. Ein angenehmes Licht verbreitete Wohlfühlatmosphäre. Dezente Hintergrundmusik war zu hören. In einer Nische des Raums stand eine mächtige Bodenvase mit Gladiolen und Chrysanthemen.

„In so einem Ambiente zu arbeiten, ist schon was anderes als in einem ziemlich heruntergekommenen Klassenraum mit mehr als zwei Dutzend Schülern", seufzte Anette.

„Aber der Stressfaktor für die Beschäftigten ist doch riesig", warf Gunnar ein. „Daran ändert ein schönes Drumherum auch nichts. Zu den Stoßzeiten steppt der Bär, und dann kehrt wieder Langeweile ein. Ich könnte nicht in der Gastronomie arbeiten. Da sitz' ich doch lieber im Konstruktionsbüro an meinem Computer und tüftele."

Anette hob lachend den Finger. „Achtung, Herr Voss, gefährliches Territorium!"

„Die Gefahr könnte noch größer werden." Gunnar deutete zur Tür.

Anette saß mit dem Rücken zum Eingang. Sie sah nicht, dass der Oberkellner in dem Moment Liang Hu Akuma, seine Frau Pamela und eine weitere Dame an den Nebentisch geleitete.

Nach allgemeinem „Hallo", kurzer Vorstellung und gegenseitigem „So ein Zufall" und „Genießen Sie den Abend" raunte Anette: „Wer ist denn die Chinesin?"

„Frau Park ist, soviel ich weiß, Koreanerin, Südkoreanerin. Sie ist Achim Mendel, unserem kaufmännischen Geschäftsführer, auf den Pelz gehetzt worden, erzählte mir Peter Leonhard. Kommt aus der Zentrale in Shanghai."

„Wieso gehetzt worden?"

„Die Gerüchteküche brodelt. Man weiß nicht, ob es um ein Manager-Audit geht oder um eine interne Revision, ein Consulting in Organisationsfragen, oder um Zahlen. Aber, meine liebe Anette, deine Drohung gilt jetzt nicht mehr?! Du bist diejenige, die nach Firmeninterna fragt!"

Das Essen wurde serviert. Sie schwelgten eine ganze Zeit in köstlichen Genüssen, schoben sich ab und zu gegenseitig einen Happen von etwas besonders Leckerem zu und bestellten zum Abschluss des vorzüglichen Mahls einen Espresso. Am Nebentisch war man inzwischen beim Dessert angelangt. „Setzen Sie sich doch noch auf einen Drink kurz zu uns", bat Liang sie schließlich an seinen Tisch.

Park Sholpan zwitscherte: „Restaurant ganz sehr schön und Essen auch."

„Wie kommt es, dass Sie Deutsch sprechen?", fragte Anette und dachte insgeheim, was für eine makellose Haut sie hat und so beneidenswert glattes Haar, nicht so eine Strubbelmähne wie ich. Diese schwarze Seidenbluse mit dem Stehkragen sieht todchic aus, dazu der Halsreif mit dem grünen Stein. Ob das Jade ist?

„Englisch ist Pflicht neben Muttersprache Koreanisch. Mein Vater wollte, Kinder sollen mehrere Sprachen lernen. Uns hat so oft vorgespielt Schumann und Mozart. Er deutsche Komponisten liebt. Wollte ich von deutsche Sprache wissen mehr. Aber sprechen schlecht."

Als Gunnar und Anette protestierten, winkte sie mit einer flatternden Handbewegung ab und senkte den Kopf, wobei ihr Gesicht hinter dem Vorhang ihrer Pagenkopffrisur verschwand. „Danke. Sehr, sehr freundlich."

Als Anette sagte, sie sei Lehrerin, konnte Sholpan gar nicht aufhören zu fragen, wie das Schulsystem in Deutschland funktioniere. Wie viele Schüler in eine Klasse gingen, was Anette unterrichte. Wie alt die Kinder seien.

„Was? Schule nur von acht Uhr bis Mittag?", staunte sie.

Sie erzählte, dass ein 12-Stunden-Tag für ein koreanisches Schulkind die Regel sei und die meisten nach dem Unterricht noch Hagwons, so genannte Paukschulen, besuchen würden. Anette schüttelte den Kopf.

„Eine gute Abschlussprüfung entscheidet, welche Universität man besuchen kann. Das wiederum ist äußerst wichtig für die spätere Berufswahl und den sozialen Status."

Sholpan plauderte jetzt in Englisch, was ihr doch leichter fiel. Sie hatte zuvor aber artig angefragt, ob es recht sei.

„Am Tag der Prüfungen, die werden landesweit angekündigt, fahren viele Menschen später zur Arbeit, damit die Schüler nicht im Berufsverkehr steckenbleiben. Sogar Flugzeugstarts müssen zu bestimmten Zeitpunkten unterbleiben."

„Unglaublich", sagte Gunnar. „Kommen Sie aus einer großen Stadt?"

„Busan im Süden."

„Ach", bemerkte Liang, „Busan und Shanghai sind Partnerstädte."

„Fast vier Millionen Einwohner leben da. Studiert habe ich in Seoul. Noch zwei Millionen Menschen mehr."

„Was im Verhältnis zu Shanghai mit mehr als achtzehn Millionen ja gar nicht zu vergleichen ist", warf Liang ein.

„Ich denke, jetzt bin ich hier in einem kleinen Dorf in Deutschland, so winzige Häuser. So wenig Autos. So sauber. Am besten die Luft."

Park Sholpan atmete tief ein, kicherte und hielt sich schnell die Hand vor den Mund.

„Ja, unser Dorf hat nur eine halbe Million Einwohner, und mit der Luft bin ich auch ziemlich zufrieden", stellte Gunnar fest, „obwohl uns die Politiker weismachen wollen, dass der Einsatz von Feinstaubplaketten uns nahezu paradiesische Zustände bescheren würde."

Liang wandte sich Gunnar zu: „Apropos Paradies, Herr Voss, wie ist denn Ihre Einschätzung nach den vergangenen Wochen? Werden die Statements bezüglich Systemgestaltung in der Firma jetzt zügig mit Leben erfüllt werden?"

Pamela legte ihrem Mann die Hand auf den Arm und schüttelte leicht den Kopf.

Aha, dachte Anette, bei den beiden gibt es anscheinend auch ein Abkommen, die Firma heute außen vor zu lassen, und warf Gunnar gleichzeitig einen warnenden Blick zu. Er hätte schwören können, in ihren Augen deutlich das Wort Champagner!! lesen zu können. Champagner mit zwei Ausrufezeichen.

Er stand auf, legte Anette den Arm um die Schulter und sagte: „Herr Liang, wir werden sehen. Meine Freundin und ich wollen jetzt noch einen kleinen Spaziergang machen und die frische Abendluft genießen. Dürfen wir uns verabschieden?"

Vor dem Lokal knuffte Anette Gunnar in die Seite. „Da hast du ja gerade noch mal die Kurve gekriegt. Eine sehr sympathische Person, Frau Park, finde ich, und sie sieht so makellos aus. Alles an ihr ist makellos vom Kopf bis zu den Zehenspitzen. Toll, von Berufs wegen durch die Welt zu reisen. Es muss wahnsinnig interessant sein, von der asiatischen Kultur in eine völlig andere in Europa zu wechseln. Ich wünschte, ich hätte auch mal so ein Glück."

20

Achim Mendel wäre außerordentlich erstaunt gewesen, wenn er die Aussage von Gunnars Freundin gehört hätte. Er konnte nichts, aber auch gar nichts Sympathisches an Park Sholpan feststellen. Daran änderte auch nicht, dass Frau Berger, die mal wieder ihrer Begeisterung nachgegangen war, die Bedeutung von Namen aufzuspüren, ihm erzählt hatte: „Sholpan bedeutet im koreanischen Tulpe."

„Tulpe, pah. Brennnessel würde besser zu ihr passen", knurrte er. „So eine wie die sollte man sich vom Leibe halten."

Egal wie pünktlich er morgens ins Büro kam, sie saß schon da, und ihr spöttischer Gesichtsausdruck schien ihm signalisieren zu wollen, dass er sich wie der Hase fühlen sollte, den der Igel narrte, obwohl er nicht wusste, ob sie deutsche Märchen kannte. Langsam hatte er den Verdacht, sie schlief in dem großen Clubsessel, den er dem alten Stolzky abgeschwatzt hatte. Früher hatten vier, fünf dieser ledernen Ungetüme im Besucherraum gestanden. Die beste Zeit hatte der Sessel hinter sich, aber Mendel konnte sich nichts Bequemeres vorstellen, wenn er in der Mittagspause nach dem Gang in die Kantine für zehn Minuten ein wenig Augenpflege betrieb, wie er es nannte.

Wie ein Roboter glich sein ungebetener koreanischer Gast Zahlenreihen ab, wälzte Bilanzen, löcherte ihn mit Fragen, die immer anfingen mit: „Was mich ja brennend interessieren würde ...."

Ihm kam es so vor, als habe sie diesen Satz explizit in Deutsch auswendig gelernt. Ansonsten musste er unentwegt nachfragen, wenn sie ihm radebrechend Fragen stellte, was sie denn genau meine. Er kam mit ihrer deutschen Aussprache nicht zurecht. Nach kurzer Zeit wechselte sie ins Englische und stellte ihn vor noch größere Probleme, weil ihm zu den Begriffen die passenden Vokabeln fehlten. Ihm schwirrte der Kopf, wenn sie nach sales volume, turnover, sales report, personnel planing, item of capital expenditure, liquidity und market saturation fragte.

Zuerst versuchte er, mit charmanter Hinhaltetaktik zu verbergen, dass er viele dieser Begriffe nicht parat hatte, sie heimlich nachschlug und sich dabei wie in seiner Zeit als Pennäler fühlte.

Es machte ihn mehr und mehr fertig, sich einzugestehen, dass er der Dame Park nicht gewachsen war. Ihm graute allmorgendlich vor dem Moment, in dem er sein Büro betrat. Sein Gang wurde wenige Meter davor schleppend, und sein Kopf rutschte zwischen die Schultern.

Ordner mit Jahresbilanzen stapelten sich in einer Ecke des Büros. Sie wollte alles wissen über rendering of accounts und first pass yield. Hätte sie ihn an diesem Morgen, an dem er sich wie ein Achtzigjähriger fühlte, in halbwegs verständlichem Deutsch gefragt: „Sagen Sie, Herr Mendel, was mich ja brennend interessieren würde, die dispositive Planungsebene und ereignisbezogene Steuerungsmaßnahmen und die damit vorhandenen Leistungspotenziale zur notwendigen Anpassung des Produktionsprogramms, um es voll auszuschöpfen, wo finde ich Unterlagen dazu?", wäre er mit Leichtigkeit in das Thema eingestiegen. Ha, nichts leichter als das! Vielleicht hätte er dann auch ganz locker mit ihr darüber plaudern können, dass seine Englischkenntnisse eher mäßig waren, ihr Deutsch allerdings auch ziemlich gewöhnungsbedürftig.

So nervte sie ihn mit ihrer Singsang-Stimme in asiatischem Englisch schon, als er an diesem Morgen seinen Mantel an die Garderobe neben der Tür hängte. Sie strapazierte seine Nerven weiter, kaum dass er sich mit einem Seufzer hinter seinen Schreibtisch gesetzt hatte.

Gebetsmühlenartig wiederholte sie die Begriffe für ihn, als er sie fragend anstarrte und zugeben musste, dass er nicht genau wusste, was sie von ihm wissen wollte. Und heute fiel es ihm noch schwerer als sonst, ihre Anwesenheit und die bohrenden Fragen auszuhalten.

Ein-, zweimal war er schon etwas lauter geworden in letzter Zeit, und er merkte jetzt, wie sich der bohrende Schmerz, der nach dem Aufstehen hinter seiner Stirn zu hämmern angefangen hatte, sich zu den Schläfen hin ausbreitete. Bevor sie zur nächsten Attacke ausholen konnte, wuchtete er sich aus seinem Stuhl und baute sich in voller Größe vor ihr auf.

„Frau Park", Mendel spie diese beiden Wörter förmlich aus. Jemand wie Sie, die an der Ewha Womans University in Seoul studiert und ihren Bachelor of Science gemacht hat, wie ich mir sagen ließ, müsste doch in der Lage sein, ohne die Hilfe eines Blindenhundes, zu dem Sie mich allmählich degradiert haben, die Unterlagen zu finden." Es hörte sich bei diesen Wort an, als belle ein gefährlicher Hund.

„Bislang habe ich zum Wohl der Firma unter Einsatz all meiner Fähigkeiten meine Arbeit getan. Ich bin es leid, mich hier vorführen zu lassen."

Seine Tonlage war mit jedem Wort angeschwollen. Park Sholpans fein gestrichelte Halbmondaugenbrauen schossen bis fast unter ihren Haaransatz während Mendels Ausbruch. Sie stand langsam von ihrem Platz auf, und Mendel dachte, wenn sie mir jetzt begütigend die Hand auf den Arm legt, gehe ich ihr an die Gurgel. Sie goss aber nur ein Glas Wasser ein und hielt es ihm hin.

„Herr Mendel, nicht gut, so aufregen. Beruhigen Sie. Trinken Sie, trinken Sie."

Sie drückte ihm das Glas in die Hand. „Nur meine Pflicht hier. Die Konzernzentrale mich beauftragt ...."

„Ich will mich nicht beruhigen! Die Konzernzentrale kann mich mal, und das kreuzweise. Und Sie, Sie ...", Mendel schnappte nach Luft und hielt inne, als suche er nach Worten. „Sie Tulpe, Sie können mich ebenfalls!"

„Tulpe? Was bedeutet Tulpe??"

Park Sholpan starrte den Mann an, der sie mit verzerrtem Gesicht und vorgeschobenem Unterkiefer gerade Tulpe genannt hatte.

Er fuhr ohne Erklärung fort: „Für den Rest des Tages werde ich mich wichtigeren Dingen widmen. Ich glaube sogar, es ist besser, wenn wir uns in nächster Zeit ganz aus dem Weg gehen." Wie bedeutungsschwer diese Worte sein würden, ahnte in diesem Augenblick keiner der beiden.

Er zerrte seinen Mantel vom Haken, riss die Tür auf, kam noch einmal zurück, um seine Aktenmappe zu greifen und warf mit einem Knall die Bürotür hinter sich zu.

Ohne ein Wort der Entschuldigung rempelte er Karin Faber auf dem Flur an und verschwand im Aufzug. Nicos Sekretärin starrte hinter ihm her.

148

„Herr Mendel, der doch sonst die Höflichkeit in Person ist, hat mich gerade fast über den Haufen gerannt. Kreidebleich war er im Gesicht", berichtete sie Nico. „Schon von weitem konnte ich hören, dass er sich mit Frau Park stritt. Seine Tür stand offen. Aber ich glaube, auch bei geschlossener Tür wäre das nicht zu überhören gewesen. Wissen Sie, was da los war?"

Nico schüttelte den Kopf.

„Gute Freunde werden die zwei bestimmt nicht. Es nervt ihn ziemlich, von so einem jungen Ding kontrolliert zu werden, aber die Zentrale will Fakten. Mein Gott, sie tut ja auch nur ihre Arbeit."

Nico trat ans Fenster und sah Achim Mendel gerade im Laufschritt auf sein Auto zusteuern. Den Mantel trug er in der Hand, obwohl es ziemlich heftig regnete. Gerade schleifte er ihn durch eine Pfütze. Er schloss die Autotür auf, merkte jetzt, dass der Mantel nass und schmutzig geworden war, knüllte ihn zu einem Bündel zusammen und pfefferte ihn auf den Rücksitz. Seine Aktenmappe nahm den gleichen Weg. Er schwang sich hinter das Steuer, der Motor heulte auf, beinahe hätte der Poller an der Ausfahrt noch dran glauben müssen, aber im letzten Moment riss Mendel den Wagen herum und schoss durchs Tor auf die Straße.

„Achim ist ja wirklich auf hundertachtzig, meine Güte."

Nico wandte sich zu Frau Faber um: „Na, ich werde es erfahren, was ihn so aufgebracht hat, wenn er zurück ist."

21

„Ich schau mal kurz in der Konstruktion bei Peter Leonhard vorbei wegen des OXAL-Auftrags, Sylvia. Falls was sein sollte, wissen Sie, wo Sie mich finden", sagte Nico zu seiner Sekretärin.

Leonhard saß allein im Zimmer, sah nur kurz auf und brummte etwas Unverständliches, als Nico eintrat. Er verzog das Gesicht dabei, als hätte er Zahnschmerzen.

Nico frotzelte: „Schön, so freudig in deinen heiligen Hallen begrüßt zu werden", und setzte sich auf die Schreibtischkante.

Mit ironischem Unterton fuhr er fort: „Ich weiß, du möchtest nicht von der Arbeit abgehalten werden. Nur eine kleine Nachfrage. Alles im grünen Bereich in Sachen OXAL? Wie sieht es mit der Auflistung der Baugruppen aus? Der Einkauf muss ja eventuell noch die Zukaufteile ordern."

„Damit wir keine Pönale zu zahlen haben.", äffte Leonhard Nico mit genau dem Satz nach, den er vor kurzer Zeit von ihm gehört hatte.

„Ich bin begeistert, wenn Dinge begriffen und hoffentlich auch dementsprechend umgesetzt werden", führte Nico das verbale Geplänkel fort. „Nun mal im Ernst, Peter, alles roger?"

„Hoppla Hopp und möglichst gestern", polterte Leonhard plötzlich in barschem Ton los. „Es ist doch technisch überhaupt noch nicht alles geklärt. Aber fang schon mal an, heißt es wie immer, der Rest kommt dann schon noch." Er sprang auf.

„Das führt doch nur dazu, dass hier bei uns in der Konstruktion, genauso wie in der Fertigung, in der Arbeitsvorbereitung und im Vertrieb die Aufträge wieder und wieder angefasst werden müssen. Das Ende vom Lied: Nichts ist fertig, wenn es gebraucht wird. Halbfertige Pumpen stehen im Weg rum. An Ausliefern ist gar nicht zu denken, dementsprechend natürlich kein Umsatz. Die Ergebnisse werden schlechter, die Kosten allgegenwärtig, wenn kein Geld reinkommt. Vom Imageverlust bei verspäteter Lieferung will ich gar nicht reden. Die Nervosität steigt. Die Angst, Aufträge zu verlieren greift um sich. Also knallt man uns wieder Aufträge auf den Tisch, um die schlechten Ergebnisse irgendwie zu retten. Mehr hilft mehr, und sowieso auch, um die Kollegen in der Fertigung nicht untätig rumstehen zu lassen – immer rein damit! Hallo, aufwachen!"

Er stieß Nico ein paar Mal mit dem ausgestreckten Zeigefinger gegen die Schulter. „Man muss mit der Übergabe des Auftrags an die Konstruktion warten bis zu der Minute, wo alle Unklarheiten beseitigt sind. Den vereinbarten Übergabetermin natürlich im Auge haben, aber dann – und nur dann ist auch Zeit für eine vollständige und professionelle technische Klärung des Auftrags."

„Meine Güte!" Nico fing an zu lachen. „Da hat einer aber seine Lektion gelernt. Könnte ein Statement von mir sein."

In dem Moment klingelte das Telefon. Leonhard bellte außer Atem nach seiner langatmigen Ausführung seinen Namen und knurrte dann sarkastisch: „Ich richte es selbstverständlich aus."

Zu Nico gewandt: „War die Faber. Beim Pförtner sind zwei Polizisten, die dich sprechen wollen. Hast wohl dem Polizeipräsidenten die Vorfahrt genommen? Oder mit 80 km/h durch 'ne Spielstraße gerauscht? Bei dem Tempo, das du hier im Betrieb vorlegst, würde mich das nicht wundern."

Nico würdigte Leonhard keiner Antwort, sondern verließ das Zimmer. Er überlegte kurz, in sein Büro zu gehen, entschloss sich dann aber, direkt beim Pförtner mit den Beamten zu reden. Was mochten sie von ihm wollen?

„Herr Brunsmann, Franke mein Name", der Beamte hielt Nico seinen Dienstausweis unter die Nase, „das ist mein Kollege Scholz, können wir kurz mit Ihnen sprechen?"

Die Stimme des Polizisten klang so, als hätte er wenig Erfreuliches zu vermelden.

„Bitte, ich höre."

„Wir sollten vielleicht in irgendeinen Raum gehen", schaltete sich der zweite ein und sah sich in der kleinen Pförtnerloge um. „Es ist ziemlich unerfreulich, was wir zu sagen haben."

„Ist was mit meiner Frau?" Nico sah von einem zum anderen, griff sich an den Hals. Alle Farbe wich aus seinem Gesicht.

„Nein, nein. Es geht um Herrn Mendel, Achim Mendel. Der arbeitet doch hier?"

„Unser Geschäftsführer, Achim Mendel? Was ist mit ihm?"

Nico sah die Szene wieder vor sich, wie Mendel bebend vor Zorn in sein Auto gestiegen war und dann vom Hof schlitterte.

„Herr Mendel hatte einen Unfall", schaltete sich jetzt der ältere der Polizisten ein. Er merkte, Nico machte keine Anstalten, die Pförtnerbude zu verlassen, und er wollte sich endlich seiner Aufgabe entledigen. „Einen tragischen Unfall."

„Ist er verletzt? Was ist passiert?"

„War ja ziemlich von der Rolle vor zwei Stunden, als er hier vom Hof brauste. Ich dachte, der fährt sein Auto da vorne an dem Poller zu Schrott." Der Pförtner fuchtelte mit den Armen und deutete nach draußen.

„Wir haben bei Herrn Mendel zu Hause leider niemand angetroffen, deswegen sind wir hierhergekommen."

„Sein Partner ist zurzeit beruflich im Ausland unterwegs."

Nico hielt inne, als er sah, wie der Pförtner ihn neugierig ansah. Ihm war plötzlich bewusst, dass er hier etwas ausplauderte, was Achim bestimmt nicht recht wäre.

„Kommen Sie, meine Herren. Das Weitere bereden wir in meinem Büro."

„Verletzt ist Herr Mendel nicht", nahm der, der sich mit Franke vorgestellt hatte, schon auf dem Weg einen neuen Anlauf.

„Er ist tödlich verunglückt", platzte der jüngere Kollege heraus.

„Tut uns leid", als Nico abrupt stehen blieb.

„Tatsächliche Ursache noch nicht geklärt."

„Sehr wahrscheinlich überhöhte Geschwindigkeit."

„Fahrweise den Witterungsumständen nicht angepasst."

„In einer Kurve gegen einen Brückenpfeiler."

„Kurz vor der Autobahnauffahrt ‚Häfen'. Glück im Unglück. Nicht auszudenken, wenn er schon auf der Autobahn – "

„Im Auto eingeklemmt. Jede Hilfe zu spät."

Die Schilderungen der beiden Polizisten in seinem Büro rauschten bruchstückhaft an Nico vorbei. Er stützte sich auf seinem Schreibtisch ab.

„Möchten Sie ein Glas Wasser, Herr Brunsmann, oder einen Cognac?"

Karin Faber legte ihm die Hand auf den Arm.

„Setzen Sie sich, Sie sind ja ganz blass."

„Können Sie uns sagen, wo und wie wir den Partner von Herrn Mendel erreichen können?" wandte sich jetzt der ältere Beamte an die Sekretärin.

„Ich werde Sie zu meiner Kollegin, Frau Berger, bringen. Die kann Ihnen bestimmt weiterhelfen."

„Wo ist Herr Mendel jetzt?" Langsam fasste Nico sich wieder.

„In der Pathologie, und der Wagen muss natürlich noch von der kriminaltechnischen Abteilung auf Mängel untersucht werden. Routine, Sie verstehen? Also ..."

Man merkte dem jungen Polizisten an, dass er froh war, endlich gehen zu können.

„Ist Herr Liang im Haus?", rief Nico hinter Karin Faber her. Die war aber schon mit den beiden Polizisten verschwunden.

22

Unheilbare Krankheit. Selbstmord. Manipulation am Firmenwagen. Gerüchte und Vermutungen schwirrten so lange im Betrieb herum, bis Nico drei Wochen nach Mendels Beerdigung in einer Betriebsversammlung erklärte: „Man hat festgestellt, infolge eines Herzinfarkts hat unser Geschäftsführer vermutlich die Kontrolle über das Steuer verloren. Mir war nichts von einem Herzleiden bekannt. Vielleicht ihm selbst auch nicht. Das Schicksal hat eben zugeschlagen, als er an dem Tag mit dem Auto unterwegs war. Es hätte ihn genauso gut zu Hause wie in seinem Büro ereilen können."

Bis ein Nachfolger gefunden war, saß Park Sholpan an Mendels Schreibtisch und übernahm dessen Aufgaben. Den monströsen Clubsessel hatte sie als erstes aus dem Zimmer verbannt.

Liang hatte mit Nico gesprochen, ob er betriebsintern einen geeigneten Mann nennen könnte, um die Stelle des kaufmännischen Geschäftsführers schnellstens zu besetzen.

„Bevor wir einen Headhunter beauftragen, sollten wir uns überlegen, ob wir nicht jemand Geeigneten im eigenen Haus haben. Was hältst du von Gunnar Voss?"

„Ist er nicht ein bisschen jung für den Posten? Na klar, muss kein Ausschlusskriterium sein. Allerdings kenne ich die berufliche Vorgeschichte von Herrn Voss zu wenig. Das wäre zu klären."

„Und Peter Leonhard? Möglicherweise dient es nicht dem Betriebsfrieden, wenn wir Voss ins Auge fassen und Leonhard als seinen Vorgesetzten übergehen", gab Liang jetzt zu bedenken. „Ja. Warum nicht Leonhard."

Nur Kontra kriege ich ständig von dem, dachte Nico. Will ich das? Diese dauernden Kämpfe? Von Anfang an ist er mir gegenüber irgendwie missgünstig gewesen, kein bisschen kooperativ, egal, was ich mit ihm besprochen habe.

„Könnte nicht auch eine Frau in Frage kommen? Die Diskussion über Frauen in Führungspositionen ist doch gerade im Gange."

„Ach, und deswegen sollten wir ..."

„Quatsch."

„An wen denkst du?"

„Mit Hella Petri, unserer Vertrieblerin, stelle ich mir eine sehr gute Zusammenarbeit vor. Beim Thema Systemgestaltung war sie diejenige, die durch ihre Bemerkungen die wertvollsten Anregungen beigetragen hat. Allerdings gilt auch bei ihr, das Für und Wider abzuwägen. Soviel ich weiß, hat sie studiert, aber ich weiß nicht was. Wir sollten auf alle Fälle darüber auch mit Theo Stolzky reden."

Liang verdrehte die Augen. „Ein chinesisches Sprichwort sagt, wenn der Wind der Erneuerung weht, bauen die einen Menschen Mauern und die anderen Windmühlen. Ich brauche dir ja wohl nicht zu sagen, zu welcher Sorte ich Stolzky zähle."

Nico gingen diese ständigen Zitate Liangs heute ganz besonders auf die Nerven. Zudem hielt er das Urteil, das Liang sich über Stolzky gebildet hatte, für vollkommen falsch. Ein bisschen mehr menschliche Wärme würde Akuma nicht schaden.

„Um auf was anderes zu kommen", wechselte Nico jetzt das Thema: „Übermorgen geht die erste große Lieferung raus an OXAL. Ich hatte neulich einen kleinen Disput mit Peter Leonhard deswegen, aber alles wird klappen. Und – wir sind im Zeitplan!"

Er rieb sich die Hände.

Liang Hu Akuma winkte ab. „Da halte ich es so: Schildkröten können dir mehr über den Weg erzählen als Hasen. Das heißt, nicht zu voreilig mit dem Urteil, mein Lieber. Erst einmal muss der Kunde uns das positive Feedback nach der Lieferung gegeben haben. Nach der Lieferung! Dann sehen wir weiter."

Nico bedauerte insgeheim, nicht ein Repertoire an deutschen Sprichwörtern auf Lager zu haben, die er Akuma immer mal wieder um die Ohren hauen konnte.

Fünf Tage später traf er auf einen wutschnaubenden Liang. „Hasen", brüllte er. „Als hätte ich es geahnt!"

„Ich verstehe kein Wort."

„Alles wird klappen. Das waren doch deine Worte. Äußerst voreilig. Nichts hat geklappt. Bei OXAL toben sie. Irgendetwas stimmt nicht mit der Lieferung. Zusammengestaucht haben die mich am Telefon. Regresspflichtig wollen sie uns machen. Pönale wird wohl fällig."

„Ich werde sofort klären, was da passiert ist und mit Peter Leonhard sprechen."

Nico nahm zwei Stufen auf einmal im Treppenhaus und eilte ins Konstruktionsbüro. Er knirschte mit den Zähnen, weil ihn eine derartige Wut packte, dass er am liebsten Leonhard geschüttelt hätte.

Noch im Türrahmen herrschte er den Konstruktionsleiter an: „OXAL hat sich bei Liang beschwert. Was ist da schiefgelaufen? Gnade dir Gott, wenn sich rausstellt, es ist unser Fehler."

Dein Fehler, Peter!, hätte er am liebsten gesagt, rief sich aber sofort zur Ordnung. Nicht die Nerven verlieren.

Gunnar Voss, der gerade ins Büro kam, sah erstaunt von einem zum anderen und merkte, anscheinend herrschte dicke Luft.

„Wissen Sie was über den Auftrag für OXAL?", fragte Nico ihn.

„War ja nicht meine Baustelle. Kann ich nix zu sagen."

Gunnar zuckte mit den Schultern.

Leonhard stand langsam auf, griff einen Aktenordner und blätterte darin herum.

Seine Stimme klang triumphierend, als er sagte: „Ich habe mich ein wenig schlau gemacht. Dachte mir, für einen so guten Kunden kann man sich auch mal ein bisschen mehr ins Zeug legen."

Nico sah Leonhard verständnislos an. „Und? Nun red schon."

„Ich habe ihnen vorgeschlagen, statt des bisherigen Standarddurchflussmessers einen magnetisch-induktiven einzubauen."

„Moment mal", schaltete sich Gunnar ein, „bei teilgefüllten Leitungen sind die aber doch gar nicht geeignet."

„Irrtum, mein Lieber, durch eine eingebaute Teilmengenerfassung zusammen mit Leerrohrdektion geht das neuerdings. Hier", er nahm eine Zeichnung aus dem Ordner und Gunnar Voss beugte sich interessiert darüber.

„Donnerwetter, da entfallen ja aufwendige Überleitungen", sagte er nach einem kurzen Blick darauf.

„Dazu kommt noch, das Messprinzip ist unabhängig von Druck, Dichte, Temperatur und Viskosität."

Leonhard sah grinsend von Gunnar zu Nico und rieb sich die Hände.

„Ich habe einen kleinen Aufschub bei der Auslieferung ausgehandelt, weil wir die Dinger erst ordern mussten. Ich konnte den Zebulski bei OXAL überzeugen. Wer sich jetzt beschwert hat und mit wem Liang gesprochen hat, keine Ahnung."

Er zog die Schultern hoch.

„Wenn bei OXAL der eine nichts vom anderen weiß, ist das nun wirklich nicht unsere Schuld, aber das lässt sich ja mit einem kurzen Telefonat klären."

„Sie sagten gerade, Überleitungen fallen weg, Herr Voss", schaltete sich Nico jetzt ein. „Bedeutet das für uns unter Umständen auch einen Arbeitsschritt weniger?"

„Im Prinzip schon, aber ich muss mich erst mal näher mit der Materie befassen."

„Weniger Zeit wird gebraucht und weniger Material!"

Leonhard nickte bekräftigend.

„Aber nicht mit Geld zu bezahlen ist die Tatsache, dass der Zebulski ganz aus dem Häuschen war über meinen Vorschlag."

„Hauptsache OXAL springt nicht ab und ist mit der Lösung tatsächlich einverstanden, Peter. Also, ich zähl auf dich!", sagte Nico, „auf dein Verhandlungsgeschick. Hört sich ja wirklich gut an."

„Mir scheint, das war ein sehr gekonnter Schachzug. Doch, das muss man neidlos anerkennen."

Gunnar reckte den Daumen nach oben und warf noch einmal einen Blick auf die Zeichnung.

„Ausbaufähig auch für andere Kunden."

Zu Nicos großer Erleichterung konnte er Liang mitteilen, dass der Kunde höchst zufrieden sei, welche Regelung Leonhard ihm vorgeschlagen hatte.

„Im Nachhinein haben wir in hohem Maße davon profitiert, nicht die bisherige Version bekommen zu haben", erfuhr Nico nach Abschluss der gesamten Lieferung vom OXAL-Chef. „Unser Kunde in China war ebenfalls sehr angetan."

Nico rieb sich die Hände. Dieser Auftrag würde eine Menge Geld in die Kasse spülen und eine Menge Renommee, was die Kundenzufriedenheit anging.

23

Nico traf auf einen bestens gelaunten Tobias, der zurück von er-
folgreicher Tournee durch die Londoner Clubs im *StäV* auf ihn
wartete.

Er schwärmte: „Eine völlig andere Musikszene auf der Insel.
Tolles Publikum und diese Clubatmosphäre, ich weiß gar nicht, ob
es in Deutschland so was gibt. Aber ich muss mich auch loben",
Tobias machte ein äußerst zufriedenes Gesicht, „war ja auch sorg-
fältig von mir vorbereitet die Tour. Genau die richtige Zahl von
Auftritten. Der Stress hielt sich in Grenzen."

„Da können wir uns gegenseitig auf die Schulter klopfen. Ich
bin innerbetrieblich auch ziemlich zufrieden zur Zeit. Allerdings
gab es einen tragischen Todesfall."

Er berichtet dem Freund kurz von Mendels Unfall und der Suche nach einem neuen kaufmännischen Geschäftsführer.

„Liang überlegt, Leonhard den Posten zu geben, womit ich
mich so gar nicht anfreunden kann. Ich weiß nicht, was der Mann
gegen mich hat. Kürzlich hab ich läuten hören, er hätte gehofft,
technischer Geschäftsführer zu werden. Ja, mein Gott, was kann
ich dafür, dass sie mich genommen haben!"

„Warum sprichst du nicht ganz offen mal mit ihm darüber?
Dann sind die Fronten geklärt. So viel internes Wissen von einem,
der schon lange in der Firma ist, muss man eigentlich nutzen. Du
weißt ja inzwischen selbst, wie lange es gedauert hat, bist du eini-
germaßen mit den Gegebenheiten von Siebert & Stolzky vertraut
warst. Sicher, jemand von außen wird auch seine Vorteile haben.
Ich kann nicht sagen, was die bessere Wahl wäre. Vielleicht sollte
man zweigleisig fahren und auch einen Headhunter beauftragen.
Aber keinesfalls hinter Leonhards Rücken."

Er nahm einen großen Schluck aus seinem Bierglas.

„Und wie hat dir drüben das Ale geschmeckt? Kein Vergleich zu
unserem guten Kölsch im *StäV*, oder?"

„Wir waren nach den Auftritten immer derartig unter Strom,
dass sie uns im Pub selbst Urin hätten vorsetzen können", grinste
Tobias. „Adrenalin tötet, glaube ich, die Geschmacksnerven ab."

Nico lachte schallend und fragte: „Konntest du denn Sybille noch rechtzeitig vor dem Abflug bei Harrods rauszerren oder hat sie mehr die Portobello Road abgegrast? Ein preiswertes altes Schätzchen ist doch bestimmt im Gepäck gewesen. Ach übrigens, irgendwas sollte sie Jessica aus einem Outlet mitbringen."

„Das müssen die Frauen unter sich klären. Keine Ahnung. Wie geht's Jessica?"

„Ganz, ganz gut." Nico strahlte. „So langsam hat sie den Schock überwunden. Wir turteln wieder wie frisch Verliebte."

„Mensch, das freut mich für euch." Tobias klopfte Nico auf den Rücken. „Was sagt Stolzky denn eigentlich zu einem neuen Kaufmännischen?"

„Liang will ihn da vollkommen raushalten. Er hat ja nichts am Hut mit ihm. Mich wundert es, wo man von Chinesen immer so viel hört von Verehrung der Alten, dass Liang völlig aus der Reihe tanzt. Er ist wohl zu lange in Europa. Chinesische Sprichwörter allerdings beherrscht er noch aus den Eff Eff. Damit nervt er mich tierisch. Für jede Situation hat er ein passendes auf Lager."

„An deiner Stelle würde ich Stolzky in einer ruhigen Minute mal zur Seite nehmen und die Lage besprechen. Weißt du, wie lange Liang überhaupt noch das Sagen in der Firma hat. Diese Großkonzerne lassen ihre Leute doch ständig rotieren, damit sie sich bloß nicht einbilden, sich irgendwo gemütlich einnisten zu können."

„Jessica, was hältst du von dem Vorschlag? Tobias meinte, ich solle mich mal mit Leonhard über unser Verhältnis zueinander unterhalten und außerdem mit Stolzky reden," fragte Nico seine Frau, als er abends zu Hause war.

„Eine gute Idee. Probleme lassen sich nur lösen, wenn man darüber spricht."

Sie schmiegte sich an ihn.

„Seit ich mich dazu durchgerungen habe, dir nicht die Schuld an meiner Fehlgeburt zu geben und wir vor allem darüber gesprochen haben, geht es uns doch viel besser."

Zärtlich drückte sie ihm einen Kuss auf die Nase.

Bei der ersten Gelegenheit, als er Peter Leonhard allein im Konstruktionsbüro antraf, machte Nico Nägel mit Köpfen und fragte ihn rundheraus, ob er sich gewünscht hätte, seinen Job zu bekommen.

Zuerst wollte Leonhard nicht mit der Sprache heraus, als Nico aber sagte: „Peter, könntest du dir vorstellen, die Stelle von Mendel zu übernehmen? Du und ich, wir wären, glaube ich, ein gutes Team, wenn wir unsere Scharmützel beenden würden", sah er Nico ungläubig an.

„Stinksauer war ich, als sie mich übergangen haben. Diesmal wird das nicht anders sein." Er winkte ab.

„Liang hat dich auf der Liste, und ich denke, Stolzky vor allem wäre erleichtert, dich auf Mendels Stuhl zu sehen."

Wenige Wochen später kam es Nico direkt unheimlich vor, wie sein Freund die Lage eingeschätzt hatte. Liang bat ihn zu sich ins Büro, und Nico traute seinen Ohren nicht.

„Neuigkeiten aus Shanghai," empfing Akuma ihn. „Setz dich."

„Positive oder negative?", fragte Nico vorsichtig.

„Je nachdem, wie man es sieht. Man beordert mich zurück in die Hauptzentrale nach Shanghai."

„Das ist nicht dein Ernst?"

Tobias kann hellsehen, dachte Nico im Stillen.

„Und dann? Schicken Sie jemand Neues?"

„Ich kann dir nichts Genaues sagen."

„Aber abgewickelt werden wir nicht, wie das heutzutage so fein ausgedrückt wird. Komm, sag mir die Wahrheit."

Nicht schon wieder ein Stellenwechsel, nicht schon wieder Ungewissheit. Nicht Jessica in Angst versetzen wegen einer ungewissen Zukunft, wo wir gerade in ruhigerem Fahrwasser sind, schoss es Nico durch den Kopf.

„Weiß Stolzky es schon?"

„Du bist der erste, dem ich es sage. Noch was, ich würde gerne Gunnar Voss mit nach Shanghai nehmen. So einen fähigen Mann könnte ich da gebrauchen. Ich habe ihn aber noch nicht gefragt und wann ich den Abflug mache, steht ja auch noch nicht fest. Dauert noch ein paar Wochen. Wie gesagt, wollte zuerst mit dir reden."

„Weißt du, was mich wundert?", fragte Nico jetzt, „dass du kein Sprichwort angeführt hast, um mir zu erklären, dass du weggehst."

„Daran soll es nicht fehlen. Vielleicht sind sie in der Konzernleitung der Meinung, dass ich dort nötiger gebraucht werde, um da mal wieder Schwung in den Laden zu bringen nach dem Motto: Man versteht nur das Geschäft, durch das man den Reis verdient. Meine Lorbeeren habe ich mir bereits erworben und bewiesen, dass ich es kann."

Nico stöhnte auf und schüttelte sich wie ein nasser Hund.

„Es könnte sein, wenn du weg bist, dass mir vor allem diese Redewendungen fehlen werden."

„Na, wenigstens etwas."

Stehenden Fußes ging Nico in Stolzkys Büro und überbrachte ihm die Neuigkeit.

„Die Turbulenzen der letzten Wochen nehmen nicht ab", stöhnte Stolzky.

„Erst die vielen Umstrukturierungen im Betrieb, die Einführung all der Neuerungen, die koreanische Invasion."

Als Nico ihn erstaunt ansah, ergänzte er: „Diese Frau Park. Dann Mendels Unfall, jetzt das. Aber, Brunsmann, eine Träne weine ich dem Teufel nicht nach, dass er geht. Soviel ich weiß, beruht das ja auf Gegenseitigkeit. Wir können uns ja beide nicht aufs Fell gucken."

„Liang will Gunnar Voss überreden, mit ihm nach Shanghai zu gehen."

„Da wird Leonhard nicht entzückt sein."

„Darüber wollte ich auch noch mit Ihnen reden, Herr Stolzky. Was halten Sie davon, wenn Leonhard Mendels Posten übernimmt?"

„Ein, zwei gute Konstrukteure findet man vielleicht eher als einen guten Geschäftsführer, wenn Voss und Leonhard ausfallen. Zumal er mit unserer Firma so verwurzelt ist. Meinen Segen haben Sie, aber das letzte Wort wird sowieso Shang-Met sprechen. Da sollten wir uns nichts vormachen. Erst mal danke, dass Sie mich informiert haben. Bin gespannt, wann der Teufel es für nötig hält."

Dann schlurfte er zu seinem Schrank, nahm zwei Gläser heraus und eine Flasche. „Trinken Sie zur Feier des Tages einen Cognac mit mir? Mir ist nach Anstoßen zumute."

24

„Kommen Sie bitte mal rein", winkte Stolzky eines Morgens Nico vom Flur in sein Büro. „Setzen Sie sich. Ich würde gerne was mit Ihnen bereden."

Nico hatte kaum Platz genommen, als Stolzky fortfuhr: „Liang hat sich tatsächlich vor ein paar Tagen dazu herabgelassen, mir zu erzählen, dass er sich wieder vom Hof macht in Richtung Shanghai. Nicht ohne zu erwähnen, dass sie ohne ihn in der Zentrale nicht mehr auskommen. Mir gab er, wie immer mit seinem teuflischen Lächeln im Gesicht den Rat, doch endlich mal die Freuden des Alters jenseits der Firmenmauern zu genießen. Natürlich hat er nach asiatischer Art seine Worte in irgendein blumiges Kauderwelsch gekleidet. Dachte wohl, ich merke nicht, was er meint, wenn er mir eins seiner Sprichwörter um die Ohren haut. "

Stolzky schnaubte wie ein Walross, und Nico sah, wie die Ader an seiner rechten Stirnseite anschwoll.

„Bin zwar nicht mehr der Jüngste, aber nicht verblödet!"

„Davon lassen Sie sich doch nicht beeindrucken, Herr Stolzky", lachte Nico. „Ich zumindest hoffe, noch lange Ihr Büronachbar zu sein."

Stolzky winkte ab und fuhr fort: „Auf die Frage nach Liangs Nachfolger erfuhr ich dann so ganz nebenbei, dass Shang-Met eventuell andere Pläne hat."

„Was für Pläne?" Nico horchte auf.

„Die Katze aus dem Sack gelassen hat er nicht, der Teufel."

Ächzend wuchtete sich Stolzky jetzt aus seinem Sessel, trat dicht vor Nico und legte ihm beide Hände auf die Schultern.

„Wissen Sie, was ich glaube, Brunsmann? Die Chinamänner wollen sich womöglich unser entledigen. Ich habe da so ein dummes Gefühl."

Er fing an, im Zimmer auf und ab zu wandern.

„Kann das nicht manifestieren, aber ich dachte, Sie fühlen dem Burschen mal auf den Zahn. Sie können ja ganz gut mit ihm, und Ihnen muss er reinen Wein einschenken."

Noch am Nachmittag führte Nico ein Gespräch mit Liang.

„Nichts Offizielles ..., es könnte sein ..., eine Veräußerung an einen anderen Investor ..., alles noch ungelegte Eier ..., viel zu früh darüber zu sprechen ..."

„Hat sich ziemlich gewunden, unser guter Liang", teilte Nico Stolzky mit.

„Kann mich tatsächlich auf meine Ahnungen noch verlassen. Dachte ich mir's doch!", nickte Stolzky. „Danke, dass Sie mich gleich informiert haben."

Eine ganze Zeit schwieg er mit gesenktem Kopf, sah dann auf, rieb sich die Hände und sagte: „Dann werde ich mir mal Gedanken machen."

Was Stolzky wohl damit meint?, überlegte Nico, als er wieder an seinem Schreibtisch saß. Er stützte den Kopf in beide Hände und versuchte, zuerst einmal Liangs Andeutungen zu verarbeiten. Stünden womöglich zusätzliche Schwierigkeiten an, falls ein neuer Investor käme? Davon konnte man wohl ausgehen! Wieder Umstrukturierungen? Neue Besen kehrten vielleicht all das, was gerade anfing sich zu bewähren, wieder raus. Jessica würde er erst mal nichts davon erzählen. Keine Ängste schüren! Er lehnte sich zurück. Verschränkte die Hände im Nacken und starrte an die Decke, als stünde dort die Lösung auf die Fragen.

Eine Woche später kam Stolzky in Nicos Büro, kaum dass er morgens seinen Schreibtisch aufgeschlossen hatte.

„Haben Sie Zeit für mich?"

Und ohne die Antwort abzuwarten, sprudelte es aus ihm heraus: „Sagte Ihnen ja, ich würde mir Gedanken machen. Hab' ich gemacht, Brunsmann."

Nico deutete mit der Hand auf die kleine Sitzgruppe am Fenster. Stolzky redete weiter, während er sich setzte.

„Dachte ja anfangs, einen Tag in der Woche noch in der Firma zu sein, das reiche mir. Hätte Zeit für Tennis, Zeit zu reisen, Zeit, mit meinem Freund Günther Schach zu spielen, mehr Zeit für meine Frau. Anfangs war das ja auch ganz schön, doch so langsam ..."

Stolzky kratzte sich am Kinn und zog die Schultern hoch.

„Dann macht der Teufel diese Andeutungen von wegen ‚möglicher neuer Investor, Rückzug von Shang-Met‘ und mir kommt es so vor, als würde Siebert & Stolzky auf dem Ramschtisch verhökert. Will ich das? Kann ich das verhindern?"

„Warten Sie, Frau Faber soll uns erst mal einen Kaffee machen", unterbrach Nico den Redefluss.

„Der nächste, der hier auf der Matte steht, setzt mich vielleicht ganz vor die Tür, und mir schwirrt da etwas im Kopf herum, was mir am Herzen liegt. Dazu möchte ich in die Firma involviert sein."

„Was meinen Sie?"

„Also, meine Frau hat seit ein paar Jahren eine Patenschaft für ein Kind in Afrika. Jeden Monat zahlt sie einen Betrag, damit das Kind zur Schule gehen kann, Bücher und Material bekommt, die Schuluniform. Dieser Nachrichtenmensch, dieser Wickert, macht sich dafür stark, wirbt in Deutschland dafür. Meine Frau mag den, aber das nur nebenbei."

Karin Faber huschte herein, und Kaffeeduft breitete sich im Raum aus.

„Ich hatte auch schon mal einen Brief von dieser Organisation im Kasten", warf Nico ein und an seine Sekretärin gewandt: „Danke, Frau Faber, wir bedienen uns selbst."

„Man erfährt dann Näheres über die Lebensumstände des Kindes und der Familie, und wir haben gesehen, Wassermangel ist in der Region ein riesiges Problem. Habe mich dann intensiver damit beschäftigt. Hatte ja Zeit", fügte Stolzky mit einem sarkastischen Lächeln zu, versenkte drei Löffel Zucker in seiner Tasse, rührte heftig um und setzte zum Trinken an. Zwischen zwei Schlucken stieß er hervor: „So wahr wie ich hier sitze, ich sag's Ihnen, die nächsten Kriege werden um Wasser geführt werden."

Er setzte die Tasse heftig auf die Untertasse, sprang auf und begann, wie es seine Art war, im Raum umherzuwandern.

„Mehr als eine Milliarde Menschen hatten schon 2009 laut WHO keinen Zugang zu sauberem Trinkwasser. Pro Tag sterben bis zu 30.000 Menschen an verschmutztem Wasser. Und dann stoße ich auf einen Bericht im Hamburger Abendblatt, dass deutsche Hydrologen in 200 Metern Tiefe ein Wasservorkommen im Norden Namibias entdeckt haben, das ausreicht, mehr als 400 Jahre den Wasserbedarf dort zu decken."

Aufseufzend ließ Stolzky sich wieder nieder.

„Und was hat das mit uns zu tun? Spekulieren Sie darauf, Pumpen für Namibia zu liefern?"

Nico sah in Stolzkys vor Eifer gerötetes Gesicht.

„Das wäre ja nun wirklich nicht das Schlechteste, müssen Sie zugeben", erwiderte der.

„Aber Sinn meiner langen Rede ist, ich habe beschlossen, mehr als nur einen Tag in der Woche tätig zu sein. Den Erlös aus dem Verkauf der Firma habe ich damals nicht Finanzhaien in den Rachen geworfen oder in Immobilien verspekuliert. Ein erkleckliches Sümmchen ist vorhanden, und auf eine dritte Kreuzfahrt habe ich zurzeit keine Lust, auch wenn ich meiner Henriette eine Freude damit machen würde. Heißt also, ich werde Verhandlungen aufnehmen, wieder in den Besitz der Firma zu kommen. Ich glaube allerdings, wie meine Anwälte mir prophezeien, ich muss mich wappnen gegen Konkurrenz aus allen Himmelsrichtungen."

„Und Namibia? Ich verstehe immer noch nicht ganz die Zusammenhänge?"

„Es geht nicht nur um Namibia, auch in Indien und hundert anderen Regionen der Welt wird Wassermangel *das* Thema der Zukunft sein.

Wir sollten uns einbringen in Entwicklungen, zum Beispiel mit dem Fraunhofer Institut. Ich halte unsere Konstrukteure für prädestiniert, neue Typen von dieselbetriebenen Pumpen zu entwickeln, die einen geringeren Kraftstoffverbrauch haben, wodurch sich der Ausstoß von schädlichem CO_2 verringern würde. Jedes Jahr gehen allein in Indien 200.000 Pumpen zur Entwässerung neu in Betrieb zu den sechs Millionen herkömmlicher Art. Da muss dringend umgerüstet werden."

Schwer atmend schwieg Stolzky.

„Wissen Sie, was ich glaube?", sagte Nico Brunsmann nach einer Weile, „ich glaube, viel freie Zeit wird Ihnen jetzt erst mal nicht zur Verfügung stehen."

„Sehe ich genauso. Schätze, wenn Shang-Met die Karten auf

den Tisch legt, wird demnächst eine muntere Jagd auf Siebert & Stolzky beginnen."

Das sollte sich bewahrheiten.

Allen Mitarbeitern fiel auf, dass neuerdings der Firmenparkplatz für Besucher täglich von dunklen Limousinen besetzt war. Es wurde gerätselt, was es zu bedeuten hatte, ständig Herren in korrekten Anzügen, die aussahen wie Bestatter, eilig dem Eingang zustreben zu sehen. Sie verschwanden mit ihren Aktenkoffern im kleinen Konferenzraum, manchmal auch in Stolzkys Büro. Hin und wieder in Liangs Räumen. Frau Berger und Karin Faber eilten mit Kaffeekannen durch die Flure. Nico Brunsmann und Theo Stolzky hatten noch nie so oft zusammengesessen und Besprechungen geführt.

Adrian, der Betriebsratsvorsitzende, konnte sich kaum der Fragen erwehren, was dieser Auftrieb bedeute.

„Wehe, du verheimlichst uns, dass der Laden hier bald dichtgemacht wird", hieß es.

„Lauert die nächste Heuschrecke schon?"

Dann rückte ein neues Gesprächsthema in den Fokus: „Habt ihr gehört? Gunnar Voss heiratet."

Pinky eilte mit einem dicken rosa Sparschwein durch alle Abteilungen und sammelte für ein Geschenk. Der Bauch des Tieres füllte sich, und das Gerücht kursierte: „Gunnar geht weg."

„Kein Mensch weiß wohin."

„Was für eine Geheimniskrämerei. Da stimmt doch was nicht."

„Die Ratten verlassen das sinkende Schiff. Jede Wette drauf!"

Liang hatte inzwischen Gunnar ein Angebot unterbreitet, von dem er nie zu träumen gewagt hätte.

Mit einem Freudenschrei war seine Freundin Anette ihm um den Hals gefallen, als er ihr verkündete: „Du weißt, ich rede nicht gern um den heißen Brei. Erstens, hast du Lust, mit mir nach Shanghai zu gehen, zweitens, bist du imstande auf eine Hochzeit in Weiß zu verzichten und dich nur standesamtlich mit mir trauen zu lassen? Die Sache eilt ein wenig."

„Was ist das für eine Firma, was für ein Posten, den sie dir anbieten? Auch als Konstrukteur? Die Bedingungen? Pass auf, dass sie dich nicht über den Tisch ziehen. Weißt du schon einen

Termin? Fährst du erst mal alleine, oder nimmst du mich gleich mit? Mein Gott, ich fasse es nicht!"

Anette trommelte mit beiden Fäusten auf den Tisch und stieß ein Geheul aus wie ein Kojote. Ihr Gesicht war ein einziges Leuchtfeuer.

„Meine Kündigungsfrist?! Ich weiß gar nicht, wie lang die ist. Vielleicht sollte ich mich erst mal nur freistellen lassen. Eine deutsche Schule in Shanghai! Ich muss sofort googeln, ob es eine deutsche Schule gibt. Und wenn nicht, ich geh auf jeden Fall mit."

Sie fuhr sich mit beiden Händen ins Haar, hielt inne und sagte dann aufatmend: „Es gibt zwar romantischere Heiratsanträge, habe ich mir sagen lassen", und stieß Gunnar den Ellbogen in die Seite, „aber der erste Teil macht den nüchternen zweiten auf jeden Fall wett."

Sie sprang auf, lief wie ein aufgescheuchtes Huhn in die Küche und kam mit einer Champagnerflasche und zwei Gläsern wieder.

„Mein Gott, du und ich in Shanghai. Ich kann es nicht glauben."

Gunnar nahm ihr mit einem Grinsen die Flasche aus der Hand und machte sich am Verschluss zu schaffen. „Mädchen, beruhige dich! Um Frage eins zu beantworten: Diese Firma ist ein Montagebetrieb. Lohnintensive Arbeiten werden ja immer mehr nach Asien ausgelagert. Zu Frage zwei: Im Zuge eines Joint Ventures zwischen einem deutschen Unternehmen und einem chinesischen soll ich neben einem Ortsansässigen als zweiter Direktor fungieren. Aber ob ich dich mitnehme?"

Mit einem Knall flog der Korken gegen die Decke.

„Ich habe ja noch keine Antwort gehört, ob du mich heiraten willst."

Sie hauchte ihm „ja" ins Ohr und küsste ihn, bis sie außer Atem war. Ein Lächeln wich den ganzen Abend nicht mehr aus ihrem Gesicht.

Nicht nur mit Stolzky, zunehmend auch mit Peter Leonhard führte Nico lange Gespräche mit dem Ziel, dessen Einschätzung in Bezug auf die Personalaufstellung zu ergründen.

Ganz intensiv bat Nico seinen Freund Tobias in den kommenden Wochen immer wieder um Rat.

„Stolzky denkt an Reprivatisierung. Siehst du als ehemaliger Bankenfachmann eine Möglichkeit? Wie erscheint dir die Sachlage?"

„Es gibt ja das ‚Buy-out'. Eine Transaktion, bei der die Kontrollmehrheit an einem Unternehmen von den bisherigen Eigentümern herausgekauft wird", antwortete Tobias. „Oder eine andere Möglichkeit, das ‚Management-Buy-out', bei dem das derzeitige Management eines Unternehmens die Mehrheit am Unternehmen erwirbt."

„Und woher kommt das Geld?"

„Das benötigte Kapital wird häufig von externen Kapitalgebern zur Verfügung gestellt, zum Beispiel von Private-Equity-Zielfonds."

„Was du da aufzeigst, ist absolutes Neuland für mich."

Nico rieb sich nachdenklich das Kinn.

„Stolzky wird sich mit Shang-Met einigen müssen, den Banken Zahlen liefern, Prognosen erstellen, Einsicht in die Bilanzen. Zähe Verhandlungen sind zu führen, da ist ein immenser Beratungsbedarf nötig", führte Tobias weiter aus.

„Ich hoffe, er hat die richtigen Berater" antwortete Nico. „Er klang allerdings äußerst zuversichtlich, und ich finde, seit er sich mit dem Gedanken trägt, sich wieder in seine Firma einzubringen, wirkt er zehn Jahre jünger."

„Jetzt mal was anderes", unterbrach Tobias ihn. „Du sprichst von Leonhard als Nachfolger Mendels. Das ist doch völlig unrealistisch. In meinen Augen gibt es nur einen Mann für diesen Job!"

Tobias trommelte einen kleinen Marsch mit seinen Fingerspitzen auf den Tisch.

„Wen denn?"

„Nun stell dich mal nicht so begriffsstutzig an. Dich meine ich natürlich."

„Mich?? Na danke, wenn Leonhard jetzt wieder vor den Kopf gestoßen wird, ist der Ofen doch gänzlich aus. Dann redet der kein Wort mehr mit mir. Nee, nee. Ich schaufele mir doch nicht mein eigenes Grab."

„Sag mal, tust du so blöd, oder bist du so blöd? Du hast doch selbst gesagt, Leonhard war scharf auf deinen Posten. Jetzt kannst du ihm den auf einem Silbertablett servieren. Er wird technischer Direktor, du, sagen wir mal, Vorsitzender der Geschäftsführung, so eine Art General Manager."

Wenn Nico in diesem Moment sein Gesicht im Spiegel hätte sehen können, hätte er seinem Freund zugestimmt: Blöder konnte er nicht aus der Wäsche gucken. Dann fing er mit einem Mal an zu lachen, schlug sich gegen die Stirn und lachte so sehr, dass er nach Luft ringen musste.

„Ich fass es nicht. Da muss erst einer kommen und mich mit der Nase draufstoßen. Aber nein, glaubst du wirklich, ich sollte das machen? Ist das dein Ernst?"

„Ernster geht es gar nicht!"

„Liang wird sich wundern, wenn ich mit dem Vorschlag komme."

„Glaube ich nicht."

„Stolzky wird sich wundern."

„Glaube ich noch weniger, so wie du ihn mir geschildert hast."

„Leonhard wird sich am meisten wundern und denken, ich will ihn auf den Arm nehmen."

„Das könnte sein. Aber die Bedenken lassen sich ja schnell zerstreuen. Schlag ihn als technischen Direktor vor. Er wird dir aus der Hand fressen. Eure Querelen werden sich in Luft auflösen."

„Jessica wird sich vielleicht nicht wundern."

„Die wird froh sein zu erleben, wie du die Früchte deiner Arbeit ernten kannst. Also, scher dich nach Hause, frag sie nach ihrer Meinung."

An manchen Tagen erlebte Nico, wie Stolzky fröhlich pfeifend in sein Büro kam. Dann wieder berichtete er ihm von einer weiteren schlaflosen Nacht.

„Manometer! Gestern war ich kurz davor, die ganze Sache ad acta zu legen. Eine neue Hyäne ist in Sicht, die sich um die Beute mit Shang-Met streiten will! Die mit Raubtierzähnen nach Siebert & Stolzky schnappt. Aber meine Henriette meinte: ,Ich ertrage doch nicht wochenlang das Auf und Ab, deine Begeisterung, deinen Schwung wie in alten Zeiten und dann soll das alles in Frust und Resignation enden. So kenne ich meinen Theo nicht! Und so will ich ihn auch nicht.'"

Mal schienen die Verhandlungen in trockenen Tüchern zu sein, dann wieder knurrte Stolzky: „Alles auf Messers Schneide."

Als er endlich mitteilte: „Brunsmann, die Kuh ist vom Eis. Endlich! Ich dachte schon, diese ganzen Verhandlungen brächten mich um den Verstand. Machen Sie mir die Freude. Ich würde Sie und Leonhard gerne am nächsten Samstag zu einem kleinen Umtrunk zu mir nach Hause einladen. Dann dürfte die letzte Unterschrift unter dem Vertrag trocken sein. Und bringen Sie Ihre Frau mit. Aber bitte hier im Haus noch kein Wort. Will mit der Bekanntgabe warten, bis Liang seine Zelte abgebrochen hat. Dauert ja nur noch kurze Zeit, dann sind wir den Teufel los."

Die Geheimniskrämerei im Betrieb zog sich noch wochenlang hin, bis endlich auf einer Betriebsversammlung verkündet wurde, grundlegende innerbetriebliche Veränderungen stünden an.

Theo Stolzky erschien diesmal im feinen Zwirn und nicht in seiner dicken Strickjacke.

Nico trat ans Mikrofon. Hunderte Augenpaare starrten ihn an. „Liebe Mitarbeiterinnen und Mitarbeiter, nach zähen Verhandlungen mit Shang-Met, den Banken und Investoren ist es gelungen, die Firma Siebert & Stolzky zurückzuführen in den Besitz von ...."

Beifall brandete auf.

„Wir werden in Zukunft gemeinsam mit Ihnen ...."

Laute Bravorufe ertönten, die ersten Mitarbeiter standen auf, trampelten vor Begeisterung mit den Füßen.

Nico machte ein Zeichen, dass er weitersprechen wollte. Es dauerte aber eine ganze Weile, bis er sich wieder Gehör verschaffen konnte. „Als General Manager trete ich Achim Mendels Nachfolge an, Peter Leonhard", er wies mit der Hand auf den Konstruktionsleiter, „wird den Posten des technischen Geschäftsführers übernehmen, und vor allem unser verehrter Senior, Theo Stolzky, mischt auch wieder mit, wie er es in seiner Art ausdrückte. Zu unser und Ihrem Wohl, denke ich."

Theo Stolzky stand langsam auf, verbeugte sich in alle Richtungen und wischte sich eine Träne aus dem Augenwinkel, als die Belegschaft ihn mit stehenden Ovationen feierte.

Die Erleichterung der Mitarbeiter schien mit Händen zu greifen zu sein, dass sich Befürchtungen, den Arbeitsplatz zu verlieren oder an einen neuen Investor verscherbelt zu werden, nicht bewahrheitet hatten. Manche umarmten sich, andere klopften sich gegenseitig auf die Schulter.

25

Park Sholpans Tage im Betrieb waren gezählt. Sie würde einen neuen Job antreten, den die Zentrale in Shanghai ihr zugewiesen hatte.

Nico Brunsmann führte ein letztes Gespräch mit ihr und fragte, ob sie ihre Ansicht bezüglich der ‚retrograden' Buchung der Verbrauchsmaterialien inzwischen geändert habe, die Achim Mendel noch auf den Weg gebracht hatte.

„Sie und er waren ja damals völlig konträr."

„Oh, arme Mister Mendel", flötete sie mit ihrer Zwitscherstimme.

Nico verstand immer weniger, warum Mendel sich so vehement mit ihr gestritten hatte. Er fand es reizend, wenn sie den Kopf beim Zuhören ein wenig neigte und ihre Augenlider wie winzige Vogelschwingen flatterten.

„Meine Güte. Sie haben ja richtig poetische Anwandlungen", sagte Karin Faber, als Nico mit ihr darüber sprach.

„Ihre Befürchtung war ja unter anderem, zu viele Kleinteile würden in die Taschen der Monteure wandern. Bisher sehe ich Ihr Misstrauen – nein, lassen Sie es mich andersherum formulieren – mein Vertrauen in meine Leute gerechtfertigt. Es heißt zwar immer ‚Vertrauen ist gut, Kontrolle ist besser'. Mir schwebt da eher der lateinische Begriff ‚manum agere' vor, auf den das Wort Manager zurückgeht. Wörtlich ‚an der Hand führen'. Ein Kind nehme ich auch nur im Notfall an die Hand, wenn es Schutz braucht, ansonsten lasse ich ihm seine Freiheit."

Nico legte jetzt auch den Kopf ein wenig schief und schenkte ihr ein Lächeln. Die Falte über ihrer Nase verschwand, und sie lächelte zurück, wobei er ein winziges Grübchen rechts und links auf ihrer Wange entdeckte.

„Ich wünsche Ihnen alles Gute. Sie verlassen uns ja in wenigen Tagen. Freuen Sie sich auf Ihre neue Aufgabe? Ich habe gehört, Sie bleiben in Deutschland."

Jetzt schien ihr Gesicht von innen her hell zu leuchten und sie nickte.

„Park Sholpan hat große Freude noch in schönes Deutschland bleiben. Ich ein bisschen verliebt in Deutschland", sie kicherte wie ein Teenager und schlug sich schnell die Hand vor den Mund, als hätte sie eine ungehörige Bemerkung gemacht.

Ein köstlicher Duft schlug ihm entgegen, als Nico an diesem Abend die Haustür aufschloss. Er hob die Nase und versuchte, die Gerüche zu definieren, während er seine Jacke aufhängte. Gebratenes mit einer Spur karamellisierten Zwiebeln, süßlich und doch mit herber Note machte er aus. Orangen und Basilikum schienen auch ihren Teil zum Konglomerat der Gerüche beizutragen.

Als er den Kopf durch die Küchentür schob, sah er sich bestätigt. Jessica bearbeitete die Früchte gerade mit einem Zestenreißer.

„Hm, was riecht denn hier so gut? Wird das ein Festmahl? Ist mir ein Datum durch die Lappen gegangen, das ich wissen müsste?"

Er küsste Jessica. Sie wischte sich die Hände an der Schürze ab, strich ihm mit zwei Fingern über die Wange und lachte: „Keine Panik. Machst du bitte inzwischen den Wein auf. Steht im Kühlschrank. In zehn Minuten können wir essen."

„Voilà, die Vorspeise: Feigen im Speckmantel auf Basilikumreduktion mit Trüffelbutter und hausgebackenem Ciabatta."

Nach Art eines Maître d`hotel in einem Sternerestaurant machte sie die Ansage und platzierte mit Schwung die Teller.

„Nun lass mich nicht länger zappeln, was ist der Grund für diese Köstlichkeiten?"

„Es heißt doch immer, man soll die Feste feiern wie sie fallen. Ich dachte mir, ich könnte ja einfach mal einen Feiergrund erfinden. Mir fiel ein, dass genau heute vor hundert Tagen Herr Nico Brunsmann seiner Ehefrau erzählte, er würde zum General Manager bei Siebert & Stolzky aufsteigen. Was in der Politik ständig Erwähnung findet, wenn die ersten hundert Tage in einem Amt verstrichen sind, sollte uns doch nur recht und billig sein für ein kleines intimes Mahl, dachte ich mir. Frau Faber gab grünes Licht, dass du heute pünktlich zu Hause sein würdest."

Sie hob ihr Glas und prostete ihm verschmitzt lächelnd zu.

„Ihr Frauenzimmer! Die reinste Verschwörung. Aber eine tolle Idee, Liebes. Werde ich mir merken, und Gunnar Voss in Shanghai zu seinen ersten hundert Tagen gratulieren, wenn es soweit ist."

„Hat er sich schon gemeldet?"

„Ja, eine kurze E-Mail, dass sie gut angekommen sind und nun erst mal die Suche nach einer Wohnung auf dem Plan steht. Seine Frau scheint tatsächlich Glück zu haben und kann in der deutschen Schule anfangen."

„Jannis wird seinen Papa bestimmt schrecklich vermissen, dazu ist er auch noch ohne seinen besten Freund, David. Aber für Stolzky, denke ich, geht ein Traum in Erfüllung, Liang nicht mehr vor der Nase sitzen zu haben."

„Das kannst du laut sagen! Stell dir vor", lachte Nico „seit ein paar Tagen kommt der alte Knabe im grauen oder blauen Anzug in die Firma, gestern sogar mit Fliege. ‚Neues Spiel, neues Glück', sagte er. Die grüne Strickjacke ist verschwunden. Frau Berger hätte sie am liebsten öffentlich verbrannt, erzählt er mir. Nun aber genug von der Firma. Sonst beschwerst du dich wieder, ich würde deine Kochkunst nicht gebührend würdigen. Hm, einfach köstlich."

Aufatmend legte Nico das Besteck zur Seite.

Jessica räumte ab, und schon stand der nächste Gang auf dem Tisch.

„Die Entenbrüstchen habe ich ein wenig in Orangenlikör glasiert. Wie findest du mein Maronen-Kartoffelpüree?"

„Der pure Wahnsinn. Warum eröffnest du nicht einen Gourmettempel? Wenn es dann zum Dessert auch noch dein sagenhaftes Pistazieneis gibt, lese ich dir jeden Wunsch von den Augen ab."

„So ein Pech. Heute steht leider ein Holunderblüten-Sorbet auf der Karte."

Zufrieden kuschelte sich Jessica nach dem Essen auf dem Sofa in Nicos Arm. *Hold me now*, ihr Lieblingslied, und *What's another year* füllte den Raum. Ein Rotwein lag wie Samt im Glas.

Als *When a man loves a woman* erklang, sahen sich beide an. Nico stellte Jessica behutsam auf die Füße, und sie tanzten eng umschlungen.

„Was für ein schöner Abend, lass ihn uns genießen."

Seine Hand strich zärtlich eine Haarsträhne hinter ihr Ohr.

„Aber ich fürchte...", in Nicos Stimme legte sich ein Ton des Bedauerns, „für die nächsten Wochen und Monaten wird es einer der letzten gemeinsamen sein."

Jessica blieb abrupt stehen.

„Was heißt das?"

„Wir haben schon seit längerem beschlossen, Siebert & Stolzky muss den Export ausbauen. Neue Kontakte auf dem Weltmarkt knüpfen. Osteuropa, Brasilien, Indien sind zu erobern, wollen wir nicht auf der Strecke bleiben. Netzwerke sind heutzutage das Ein und Alles. Deshalb muss ich vor Ort sein."

„Und natürlich kann nur Nico Brunsmann das bewerkstelligen", fiel sie ihm mit schneidender Stimme ins Wort und starrte ihn kopfschüttelnd an.

„In den nächsten Wochen und Monaten, sagst du? Schön, dass ich das auch so nebenbei erfahre."

Begütigend legte ihr Nico die Hand auf den Arm und sagte: „Liebes, ich bitte dich. Was hast du denn? Das ist doch kein Grund sich aufzuregen."

„Kein Grund?"

Sie stampfte mit dem Fuß auf, hob mit einem Mal lauschend den Kopf und schrie: „Hörst du das? Hörst du das?"

Das näherkommende Heulen eines Martinshorns hielt Nico davon ab, etwas zu erwidern. Er schloss sie fest in seine Arme.

26

Von: Nico Brunsmann <siestobruns@t-online.de>
An: Gunnar Voss <info@voss-shanghai.com>
Gesendet: Mittwoch, 13. Juli 2011 10:16
Betreff: Events

Hallo Gunnar,
Sie fragen, ob wir Events auch nicht vernachlässigen. Kann Sie beruhigen, zur Zeit absolvieren wir jeden Monat eins. Selbst Leonhard gibt zu, die Motivation der Mitarbeiter wächst ständig. Könnte mir denken, Sie schwören Ihre Leute auch drauf ein.

Das größte „Event" überhaupt gibt es allerdings von mir zu berichten. Ich bin Vater der süßesten Tochter der Welt geworden. Unsere Nele bringt mich auch nach vier Wochen noch dazu, abends als erstes in ihr Zimmer zu stürzen und dieses Wunder staunend zu betrachten. Selbst in der Firma ertappe ich mich dabei, mir immer mal wieder die winzigen Finger und die Stupsnase in Erinnerung zu rufen.

Aber jetzt zu Ihnen: Wie steht es mit Ihrem Umzug? Eine neue Wohnung gefunden? Und hat Ihre Frau inzwischen mehr Mut, alleine mit der Metro zu fahren?

Wir stöhnen hier gerade unter einer Hitzewelle. Wie sind die Temperaturen bei Ihnen?

Beste Grüße
Ihr Nico Brunsmann

* * * * *

Von: Gunnar Voss
An: Nico Brunsmann
Gesendet: Freitag, 29. Juli 2011 12:00
Betreff: Umzug

Ni hao! Herr Brunsmann,
Nia hao sagt man hier den ganzen Tag, ähnlich wie Moin, Moin bei uns im Norden. Und gleich noch ein chinesisches Wort: zhùyuàn!

Das bedeutet Glückwunsch. Ihnen, Ihrer Frau und der kleinen Tochter alles Gute.

Nutze gerade meine Pause, um Ihnen zu antworten. Verspeise dabei Xialong Baozi (ähnlich wie schwäbische Maultaschen). Punkt zwölf ist in Shanghai Mittagspause.

Sie sprachen von Hitze! Hier sind zur Zeit bis zu 40° C mit mehr als 80 Prozent Luftfeuchtigkeit.

Was Anettes Fahrten mit der Metro betrifft: Sie hat sich immer noch nicht daran gewöhnt, wie rücksichtslos die Chinesen die Ellbogen einsetzen beim Ein- und Aussteigen. Ein okkupierter Sitzplatz wird niemals geräumt. Noch schwieriger, ein Taxi zu ergattern, bei Regen nahezu unmöglich. Dabei soll es 45.000 in Shanghai geben.

Wir werden wohl noch eine Weile in unserem Apartment bleiben, aber wir geben die Hoffnung nicht auf. Jannis würde staunen, wie klein hier unsere Zimmer sind, dafür bezahlbar.

Der Dolmetscher ruft. Ich werde im Betrieb gebraucht. Mich nervt, wie langsam ich mit dem Chinesischlernen vorankomme.

Bis bald
Grüße, Gunnar

* * * * *

Von: Nico Brunsmann
An: Gunnar Voss
Gesendet: Dienstag, 23. August 2011 9:06
Betreff: Reise nach Kenia

Hallo Gunnar,
warte gerade drauf, einchecken zu können. Treffe mich in Nairobi mit Wirtschaftsminister Moses Wetangula und Landwirtschafts- minister Kosgey, um über den Einsatz unserer Pumpen bei einem Bewässerungsprojekt nördlich von Mombasa zu sprechen. Bin in diesem Jahr ganz schön durch die Welt gedüst. Vor zwei Mona- ten Ukraine (schwieriges Terrain), Anfang des Jahres Brasilien. Es geht kontinuierlich voran. Bin froh, meine Frau in Gesellschaft unserer süßen kleinen Nele zu wissen. Während der Schwanger-

schaft waren meine Reisen für sie Horror pur, ständig in Angst vor erneuter Fehlgeburt. Martinshörner versetzen auch mich immer noch in Panik.

Bin gespannt, ob wir bei den Afrikanern einen Fuß in die Tür kriegen. Berichte nach der Rückkehr.

Ihr
Nico Brunsmann

* * * * *

Von:	Gunnar Voss
An:	Nico Brunsmann
Gesendet:	Dienstag, 11. Oktober 2011 17:02
Betreff:	Frust

Hallo Herr Brunsmann,
bin frustriert! Habe nach wie vor die Schwierigkeit einzuschätzen, folgen die Leute meinen Vorgaben aus Einsicht oder aus Pflichtgefühl. Sehe immer nur gleichmütige asiatische Gesichter. Konnte zwar die Rüstzeiten deutlich senken, aber Eigeninitiativen gleich Null. Setze meine Hoffnung auf He Xie, einen jungen Mann mit sehr guten Englischkenntnissen, dass ihm gelingt, den Funken der Begeisterung überspringen zu lassen. Wird ein Problem, den jetzigen Dolmetscher ohne Gesichtsverlust auszuwechseln.
Übrigens: He Xie bedeutet Harmonie. Einen schönen Gruß an Frau Berger, die uns immer solche Informationen lieferte.

Ihr Gunnar

* * * * *

Von:	Nico Brunsmann
An:	Gunnar Voss
Gesendet:	Freitag, 6. Januar 2012 14:37
Betreff:	Auszeichnung

Hallo Gunnar,
das Jahr fängt gut an! Peter Leonhard ist für einen Preis nominiert.

Er hat einen Umrüstungssatz für Dieselpumpen entwickelt, wodurch der Verbrauch um 50 Prozent sinkt. Zusatzeffekt: der CO_2-Ausstoß für eine 5 PS-Dieselpumpe verringert sich um 500 kg pro Jahr. Ein Segen für Millionen Kleinbauern in der dritten Welt. Nicht zu verachten, der Fokus potenzieller Kunden richtet sich durch die Auszeichnung auch auf Siebert & Stolzky. Soll Sie übrigens vom Senior grüßen.

Hoffe, Sie kommen mit der asiatischen Mentalität inzwischen besser zurecht. Wie geht es Ihrer Frau? Gefällt ihr die Arbeit an der deutschen Schule?

Ich grüße Sie
Ihr Nico Brunsmann

* * * * *

Von: Gunnar Voss
An: Nico Brunsmann
Gesendet: Montag, 9. Januar 2012 8:03
Betreff: Glückwunsch

Hallo Herr Brunsmann,
tolle Nachricht! Habe Peter persönlich gratuliert. Sein Können stärkt mein Bemühen, den Leuten hier den Gedanken der Nachhaltigkeit nahezubringen, wirtschaftlich effizient, sozial gerecht und ökologisch tragfähig zu denken und zu handeln. Hohe Ziele, die es anzustreben gilt. Als hätte ich keine anderen Probleme!

Anette fühlt sich pudelwohl, in ihrer Klasse sind nur vierzehn Schülerinnen. Wir haben auch eine Wohnung in der Nähe der Schule in Aussicht. Sie kann dann mit dem Fahrrad fahren. Ein uraltes Vehikel vom Flohmarkt ohne Gangschaltung und Beleuchtung. Moderne Räder werden einem hier unter dem Hintern weggeklaut. (Eine der ersten Erfahrungen.)

Freue mich immer auf Mitteilungen aus der Heimat.

Ihr Gunnar

Mein lieber Gunnar,
Wir sind gerade dabei, einen FedEx-Tag zu planen. Schon mal davon gehört? Die Mitarbeiter dürfen sich 24 Stunden aus dem Tagesgeschäft ausklinken und Ideen realisieren, für die sonst kein Raum ist. Einzige Bedingung: Sie müssen „liefern" (wie FedEx über Nacht), egal wie ausgereift die Idee ist. Google praktiziert das mit großem Erfolg.

Haben uns auch entschlossen, uns von der funktionalen Gliederung des Unternehmens zu trennen. Unser Ziel: marktorientierte Teams zu bilden. Nächster Schritt, alte Zöpfe abschneiden wie Stellenbeschreibung, Individualziele, leistungsorientierte Boni und Mitarbeiterbeurteilung. Der Frosch verwandelt sich immer mehr in einen Prinzen.

Sie merken, Gunnar, bei uns ist alles im Fluss und ich bin froh, *meiner* Belegschaft die Begeisterung anzusehen. Die Zahlen bessern sich kontinuierlich. Man kann sagen, wir bauen gerade an einem neuen Unternehmen Siebert & Stolzky.

Viel Arbeit, aber all das lohnt sich, wenn ich zu Hause meine kleine Tochter auf den Arm nehme und das glückliche Gesicht meiner Frau sehe.

Ihr rundum zufriedener, aber trotzdem ständig an Ideen feilender

Nico Brunsmann

— ENDE —